天下文化
Believe in Reading

# 不吵架
## 也能贏的 溝通術

讓下一次對話更成功的
三大法則

# The Next Conversation

## Argue Less, Talk More

傑佛森・費雪　Jefferson Fisher ─── 著
黃瑜安 ─── 譯

# 目錄

序　　言　　　　　　　　　　　　　　　　　　　7
前　　言　　　　　　　　　　　　　　　　　　　19

## 第一部　基本原則
第 一 章　千萬別試著吵贏對方　　　　　　　　　29
第 二 章　你的下一次對話　　　　　　　　　　　49
第 三 章　建立連結的真相　　　　　　　　　　　63

## 第二部　應用方法

### 法則一：掌控你的說話方式
第 四 章　控制自己　　　　　　　　　　　　　　79
第 五 章　控制當下　　　　　　　　　　　　　　99
第 六 章　控制節奏　　　　　　　　　　　　　　125

### 法則二：說話時要有自信
第 七 章　堅定的語氣　　　　　　　　　　　　　145

| 第 八 章　應付難溝通的人 | 173 |
| 第 九 章　設定界線 | 201 |

## 法則三：說話是為了建立連結

| 第 十 章　建立對話框架 | 221 |
| 第十一章　消除防備心 | 237 |
| 第十二章　艱難的對話 | 255 |

| 後記 | 275 |
| 本書的四十七秒版本濃縮內容 | 279 |
| 你的下一步 | 281 |
| 律師與當事人的祕密溝通：<br>如何應對自戀型人格和情感操縱手法 | 283 |
| 致謝 | 285 |
| 注釋 | 289 |

獻給

支持我的席艾拉（Sierra）

啟發我的傑特（Jett）與露比（Ruby）

最早啟發我的手足

為我祈禱的父母

以及所有曾經為我祈禱並且追隨我的人們

# 序言

在古老的牧場平房裡,破舊的柏柏爾地毯讓我的雙腿直發癢。我穿著寬鬆的T恤和蜘蛛人內褲,蜷縮在主客廳的角落。匆忙洗完冷水澡後,我的頭髮和皮膚仍然濕漉漉。儘管身體在發抖,臉上卻掛著燦爛的笑容。

八歲的我不想錯過任何一刻。

所有人都聚集在主客廳裡。家族中的大家長是擔任聯邦法官的曾祖父。我的祖父、父親、堂兄以及叔伯等人,全都是訴訟律師。每年,費雪家的男性會聚在一起,到德州西部的丘陵區(Hill Country)參加一個週末的狩獵季開幕活動。以往總共有十三人參加,而這一次,我成為第十四名成員。我感覺自己終於升上大聯盟。我終於長大了,可以和爸爸一起開著八小時的車,一路聽著詹姆士‧泰勒(James Taylor)、吉姆‧克羅斯(Jim Croce)與傑瑞‧傑夫‧沃克(Jerry Jeff Walker)的歌。我終於長大了,可以和大人物一起混了。雖然我幾乎沒說話,但這不重要。我喝著IBC麥根沙

士，吃下的牛肉乾遠超過媽媽規定的數量。

第一晚的經歷深深烙印在我的記憶裡。

晚餐結束後，祖父放下盤子，挪動身體坐到沙發椅的邊緣。他開始說故事，內容和他的工作、法官以及法院有關。我立刻聽出這是當天稍早在修理狩獵棚屋時，他告訴我爸的那個故事。不過，當時他講故事的方式比較像在陳述事實。他的語氣平淡，還一邊在卡車車斗裡尋找綠色油漆。

不過現在很不一樣。雖然是同樣一段話，卻呈現出截然不同的故事。

看著祖父起身重現故事中的場景，我著迷不已。他善用手勢和臉部表情，為聲音增添不少層次。講到精彩之處，他的音調會跟著提高；講到緊張之處，他的聲音會變得平穩而低沉。甚至連他的語氣都變了。我心想，這真的是同一個故事嗎？整整將近十分鐘，全場聽得如癡如醉。經過很長的停頓後，他說出最精彩的笑點，現場頓時迸出笑聲。我覺得自己彷彿看了一場魔術表演。

祖父講完故事後，我的堂兄、父親，甚至我的曾祖父都開始輪流分享自己在法庭上的故事。身為訴訟律師，他們個個都是說故事的高手。歡笑聲持續到深夜。

我坐在角落，膝蓋縮在寬鬆的睡衣裡，被每個字、每則故事深深吸引。我全神貫注聽著一切，直到睡著。那時正值深夜，爸爸把我抱到床上，我手裡還握著牛肉乾。

對我來說，那個夜晚就像是發現了既新奇卻又莫名熟悉的事物，彷彿我曾經見識過這一切。我還記得，我當下就覺得這感覺對了，就像第一次試穿就找到合腳的鞋子。

在那個晚上，以及接下來十年的週末狩獵祭開幕活動，我繼承家族流傳下來的傳統：透過說故事來為人發聲的自我認同。隨著時間流逝，我意識到法律不過是家族的職業——溝通才是我們真正的熱情所在。

毫無疑問，我也想進入法學院並成為訴訟律師。

在執業十年後，我仍然認為沒有任何職業能與訴訟律師相提並論。別人雇用我來處理人們的問題，而我和這些人毫無瓜葛。況且，對方當事人也有自己的律師，他們受雇來跟我作對。每一天，我都要面對那些人，他們的主要任務是確保我輸掉官司。而在有陪審團的庭審中，風險更是達到最高點。我的溝通方式，或是我如何指導委託人與其他人溝通，可能幫助他們恢復生計，也可能讓他們永遠失去生活的能力。無論是取得證人的證詞、交互詰問，或者在法官或陪審團面前辯論，每個案件都是新的挑戰。我的工作就是直接面對衝突。

如果你認為我是在法學院學會這些溝通技巧，那你就錯

了。法學院會教你如何運用法律，像是契約原則、侵權行為、憲法以及各州與聯邦的訴訟流程，這些都很重要。但是，法學院的課不會教你如何以同理心與他人溝通，你也學不到如何化解激烈的衝突。法學院的教授教你如何讀懂法律，但不會教你如何解讀人心。

這部分我必須自己學習。

「你喜翻嗎？」我妹妹莎拉（Sarah）邊吸著奶嘴，邊端給我第五盤的空氣煎餅。身為家中四個孩子的老大，我很享受當大哥的感覺。

在我十三歲時，我和弟弟妹妹的關係就非常緊密。比起父母，他們更願意聽我的話。無論到哪裡，我就像母雞一樣照顧著他們。到了我十六歲時，我會一邊開車載他們上學，一邊幫他們複習拼字。

我想澄清一下，我的父母是慈愛又了不起的人。我之所以能做到這麼好，是因為他們在我妹妹出生前的四年內，傾注大量心血在我身上。我也確實很享受當大哥的責任感。

據說家中最大的孩子往往會具備情緒穩定、積極進取等特質。但對我來說，身為長子反而讓我從小就開始磨練溝通的基本功。

我很快就學會認真回應莎拉，假裝大口吃下她給我的空氣食物，微笑著告訴她：「嗯，真好吃。」我發現善意的話語比憤怒的話語更能讓她敞開心房。我的弟弟強納森（Jonathan）會不斷叫我的名字（他們叫我 Bubba，這是美國南方對家中長子的暱稱），然後結結巴巴拼湊出完整的句子。我發現只要耐心聽他說，一邊點頭一邊重複他剛才說的話，他就會覺得我聽懂了他的意思。他有一段時間發音有困難，發不出子音，只能發母音。我自然就成了他的口譯員，能夠解讀他的非語言表達習慣，並且事先預料到可能讓他感到沮喪的情況。我最小的弟弟雅各（Jacob）在三個弟妹當中情緒起伏最大。他感受情緒的方式非常強烈，也很容易發脾氣。但我發現只要放慢語速、降低音量，他也會跟著這麼做。我學會好好讓他感受自己的情緒，而不是認為這些情緒是在針對我。有時候一個擁抱勝過千言萬語。我的弟妹都各有獨特的個性，需要用特別的方式和技巧，與他們建立更深層的連結。

身為老大，我從小養成最重要的技能之一就是調停與解決衝突的能力。如果弟弟妹妹為了妹妹的口袋波莉（Polly Pocket）玩具開始爭吵，我會立刻制止他們，讓他們各自說出自己的立場，然後判斷該輪到誰玩玩具，以及如何妥協或讓步。這招果然奏效。我也因此變得擅長指導弟弟妹妹如何表達自己的需求，同時了解彼此的需求。在手足之間擔任溝

通的榜樣就成了我的日常生活。

現在我已婚並育有兩子，這仍然是我的日常生活。在每個人生階段、每段人際關係，以及每個朋友群之中，我總是擔任溝通者的角色。也許你認為這不過是某種說話技巧罷了，但我知道這不僅於此。在我成長的過程中，我爸每個晚上都會坐在我的床邊，俯下身來低聲說道：「親愛的上帝，請賜予傑佛森智慧，並永遠做他的朋友。」我相信禱告的力量。我也相信，如果沒有父母的禱告，各位現在就不會讀到這本書。

2020年，我成為知名律師事務所的合夥人。儘管達到這樣的成就，我對自己的職業生涯卻感到沮喪。我不斷想起同樣的景象：我覺得自己就像是拖著降落傘在奔跑。沒錯，我在處理案子、為公司賺錢，但在創造力方面，我一無所獲。

更糟的是，我爸也在同一間事務所工作。我第一次告訴他我有獨立創業的想法時，過程可說並不順利。老實說，在接下來的二十次對話中，甚至直到我向公司宣布這件事為止，情況都不太順利。他極力勸我留在事務所；我們經歷不少艱難的對話。

2022年1月，我做了兩件事，徹底改變一切。

首先,我創立自己的律師事務所「費雪事務所」(Fisher Firm),專門處理人身傷害案件。

我沒有辦公室,也沒有助理——唉,甚至連印表機也沒有。我帶著筆記型電腦在咖啡廳辦公,到處借用朋友空著的辦公室。我很快就簽到客戶,老天,這感覺實在太棒了。現在我能夠幫助到真正需要幫助的人。我切斷降落傘,終於開創出自己的一片天地。

第二,我在社群媒體上發布第一篇貼文,提供溝通建議。

起初,我想用這個方式來創造商機。我看到很多律師在社群媒體上發文,做他們唯一知道的事:推銷。他們將社群媒體視為新的行銷管道,告訴人們事故發生後應該做什麼、又該打電話給誰。我也嘗試著這麼做,但事後卻覺得不太對勁。我的腦海中閃過那些布滿廣告看板的律師臉孔,他們手持鐵鎚、火焰噴射器或拳擊手套,說著荒謬的口號,像是:「你受傷了嗎?我正是德州收割機!立刻來電,賠償金馬上到手!」噁,真是令人作嘔。我受不了那一套。更重要的是,那不是我的作風。

我選擇走另一條路。與其推銷自己,不如免費提供有價值的建議。這麼做並不是為了自身的利益,而是為了他人的利益。這一次,我想做真實的自己,也就是一直以來的那個我:傑佛森。

我要怎麼做才能真正幫助人們呢?

我要做的事情必須能引發共鳴，將光明和美好的訊息傳遞到人們的家庭與職場中。我想起父母在我不知道該對某人說什麼的時候，都會問我：「那麼，你想讓他們知道什麼？」這個問題的答案總能讓我靈光乍現。我想告訴他們我比任何人都了解的事情。我想幫助他們學會如何溝通。

　　我沒有酷炫的桌椅設備，也沒有攝影棚或專業的攝影機，但我有自己的卡車和手機。這樣就夠了。我把手機設定為自拍模式，按下錄影鍵。我當場才匆匆決定，影片的主題會是「如何像律師一樣表達立場：第一集」，並將內容精簡為三項要點。在空蕩的卡車前座，我對著手機螢幕講述如何讓提問更簡短、如何降低情緒反應，並說明為什麼過度的咒罵就像調味太重的食物一樣。我之前在某個地方讀到，影片的最後必須**呼籲人們採取行動**。因此，在影片的結尾，我便說：「試試看並追蹤我吧。」不知道是什麼原因，我也無法解釋為什麼，我在說出最後一句話的時候把手湊到嘴邊。但我決定不管它，順其自然。接著深吸一口氣，將這段四十七秒的影片發布到社群媒體上。

　　我沒有預期這支影片會達到什麼樣的成果。畢竟到目前為止，我所有影片的觀看次數都是零。老實說，我還上網搜尋過「為什麼我的影片觀看次數是零？」還有「如何製作連續短片？」。

　　接下來發生的事完全出乎我的意料。一個小時過後，我

的「如何表達立場」影片開始迅速累積觀看次數，很快就達到數千次。到了隔天，**觀看次數更突破百萬次**。當然，我並沒有意識到，這代表數百萬人看到了後座有我女兒的粉紅色汽車座椅，和我兒子的學習水杯，還有我那身毫不講究的穿著搭配──寬鬆的 polo 衫和西裝外套。誰想得到當天我穿的衣服會被數百萬人看見呢？

但人們似乎並不在意。這就是我生活的真實寫照。這讓他們感覺我是直接在跟他們對話，沒有推銷，不耍花招。一切都很真實。

「我現在該怎麼辦？」我問一位朋友。她回答道：「繼續拍更多的影片。」

所以我照做了。

那年，我在社群媒體上獲得五百萬名追蹤者，包含數百位名人和公眾人物，同時依然在駕駛座上用 iPhone 錄影，提供人們溝通建議。我始終保持同樣的模式──獨自一人在我的車裡，趁著離開事務所到回家之前的空檔，隨處停車拍攝影片。我從來不寫腳本，也總是在拍攝當天就發布影片。我不使用剪輯軟體，影片也不會加華麗的特效或花俏的字幕。只有我，拿著手機做真實的自己。

儘管這一切都是在車裡獨自完成，不久後，我卻發現自己站到數千人面前，在會議中發表主題演講，或是為想要學習溝通技巧的組織員工演說。我甚至到美國國家航空暨太空

總署（NASA）演講。每次演講的時候，我心裡都在想：「你們怎麼會在這裡？」我的電子報訂閱人數達到二十五萬人，他們想收到我每週分享的溝通祕訣。我也和企鵝蘭登書屋（Penguin Random House）簽約，著手撰寫各位現在手上拿的這本書。我所推出的「傑佛森・費雪 Podcast 頻道」（The Jefferson Fisher Podcast）直接衝上排行榜的榜首，並成為全球第一的溝通類 Podcast 頻道。我還建立很棒的線上社群，提供各式各樣的資源和課程，幫助人們掌握改善溝通的實用方法。我的影片在各個平台的總觀看次數超過五億次。我每天都會收到許多親切、貼心的感謝訊息，這讓我感覺自己實在太幸運又榮幸。我簡直無法相信自己能夠以這種方式幫助他人，更別提我甚至還有機會寫下這些文字了。

現在我仍然每天從事法律工作，協助來自美國各地的人處理人身傷害案件，或是為他們聯絡我信任的律師。我仍然每天錄製短片，而且仍然會說：「試試看並追蹤我吧。」數百萬人確實嘗試過我提供的方法，並且追蹤我。在此我發自內心感謝他們。

我從未料想事情會發展到這一步。

但夢想並未止步於此。

在創立費雪事務所的五個月後，我爸離開他工作了三十五年的事務所，加入兒子的行列，純粹只為了讓我們能一起從事法律工作。「這地方還容得下我這個老頭子嗎？」他笑

著問。我說不出話來,我最大的心願成真了。即使是現在寫下這件事,我的眼眶依然泛起幸福的淚水。

# 前言

在我上傳第一支溝通影片後不久,我開始收到數以千計的訊息。數量多到我根本讀不完,更別說是回覆了。這些訊息都來自我的追蹤者,希望我能為他們提供建議。

他們想詢問的並不是宗教或政治等重大的哲學問題,甚至不是法律相關的問題。他們想知道的是,我對日常生活中短暫時刻的建議,這些都是現實世界裡人們真正會遇到的問題,從平凡的小事到令人心碎的故事都有。

- 我該對總是貶低我的想法的主管說些什麼?
- 我該對多年不見的成年女兒說些什麼?
- 我該對總想證明自己才對的伴侶說些什麼?

在收到數以千計的類似訊息後,我了解到一件事:無論人們如何描述他們的問題,問題的重點並不在於他們**應該說些什麼**,而是**應該怎麼說**。

每次收到這些問題，我做的第一件事就是問他們我父母經常問我的那個問題：「那麼，你想讓他們知道什麼？」到目前為止，我從來沒有得到「我不知道」的答覆，反而總會很快就得到答案。人們其實已經知道自己想說些什麼，因為這深切反映出他們內心深處的感受：**我想讓他們知道我很受傷；我想讓他們知道我需要個人空間；我想讓他們知道我為什麼覺得不開心**。我們都會自然而然浮現這些感受。但說到要向他人表達這些感受？就沒那麼容易了。

這麼簡單的事，卻如此遙不可及，真的很令人沮喪。

拿起這本書的各位，或許也在尋找同樣的東西：能夠解決實際問題的實際方法。你不需要知道**該說些什麼**，你需要知道的是**該怎麼說**。如何表達自己，才能同時尊重自己的觀點和他人的觀點？如何為自己發聲，同時又能維持這段關係？如何以真誠的態度和同理心傳達自己的想法，同時展現出你的堅定態度？

簡單來說，你在尋找的答案是「建立連結」。

在接下來的篇章裡，我會提供更真實的答案。

## 我為什麼要寫這本書

我寫這本書有三個原因：

1. 因為我的社群追蹤者請我寫這本書。對我來說，這是屬於他們的書。
2. 為了傳授我所知道的知識，幫助各位讀者改善下一次的對話。
3. 為我的孩子和家人保留一部分的我。

在各位開始閱讀本書之前，有些重要的事我必須提醒你們。本書提到的溝通技巧並非引用自他人的方法。除了一些來自心理學、神經科學與行為科學等科學領域的研究報告和評述，你們不會看到太多參考資料。各位接下來將讀到的內容，是我從個人生活經驗中蒐集而來的知識，以及我與他人的溝通方式。

我不是治療師，也不是心理學家。如果我在書中提到的任何內容和這些專家的說法有所抵觸，請務必相信他們，不要相信我。我不會要求各位找出自己屬於哪種依附類型，也不會鼓勵各位做測驗釐清自己擁有哪些衝突人格。如果你想要仔細分析最新的統計數據，或是希望藉由個案研究，深入了解如何透過蜜蜂的社交動態模式，來協助自己改善溝通技能，那麼我幫不上忙。

我寫的內容都是我每天在現實世界中處理爭吵、分歧、激烈爭論，以及艱難對話時汲取的教訓。

我提供的方法是教科書和課堂沒有教、源自實際經驗的

實用建議。

也許這正是世界上更多人需要的知識。

## 這本書如何幫助你

儘管我是一名訴訟律師,但在接下來的章節裡,你不會讀到任何與法律有關的內容。這本書與我的專業知識無關,也與律師工作無關。

這本書想告訴各位,如何抬頭挺胸、勇敢說出自己的看法,以及如何面對敞開心房所帶來的脆弱,並且擁抱它。

如何說出自己的真心話,並認真看待你的話語。

這本書想鼓勵各位,即使你的聲音在顫抖,也要鼓起勇氣,而非選擇待在舒適圈。

直接表達想法並不代表你缺乏同理心,或是不顧他人的感受。直接表達想法代表你足夠有自信,能夠尊重他人、也尊重自己,並且毫無畏懼的公開表達你的需求。

你不必成為自信堅定的人,也能用自信堅定的方式說話。你的措辭能助你一臂之力。這就是本書要教你的事:適當的措辭。

在本書中,你會得到許多人亟欲尋找的答案:

- 我該如何跟防備心很重的人說話?

- 有人貶低我時，我該如何回應？
- 我該如何維護自己的界線？

為了幫助各位達成這些目標，我將本書的內容拆分為兩個部分。第一部將告訴各位如何先與自己建立連結。我知道這聽起來有點假，但其實並非如此。這一部是關於面臨衝突時如何調整心態，以及最重要的是，如何**運用**這種心態來獲得更好的結果。第二部將教各位如何運用這種心態來與他人建立連結。無論是進行艱難的對話，或是站出來為自己發聲，建立連結的方式都會因情境而異。無論你身處在什麼樣的情境，我歸納出的三項法則都可以幫助各位建立連結。

1. 掌控你的說話方式。
2. 說話時要有自信。
3. 說話是為了建立連結。

在每項法則背後，都包含可以立刻採用的實用策略。在這本書中，我會告訴各位「有自信的溝通方式」看起來、聽起來，以及感覺起來是什麼樣子。各位會從我個人和職業經驗的真實故事中學習，也能從貼近現實生活的對話情境中看見自己的影子，並且學到該說什麼、不該說什麼，當然還會知道該怎麼說。

讀完本書後，你就能夠將艱難的對話變得不再艱難，為生活創造出更多**真實**的機會。像是真實的友誼、真實的連結，以及真實的成長。而且，我所謂的「真實」不只會出現在家裡或在人際關係之中。你會發現真實的自己漸漸開始出現在工作場合和會議中。你將採用不一樣的方式回覆訊息和電子郵件，身邊的人會知道你的立場。你也能看到你的自信轉化為信譽，這正是我迫不及待想看到的結果。

## 如何應用這本書

在閱讀這本書或觀看我的影片時，你可能心想：我要如何記住所有內容，以便需要時能派上用場？

我的答案很簡單：你沒辦法辦到這種事。你不可能在讀完整本書後，就期望自己能夠立刻運用書中所有內容。這太辛苦了，就像試圖從消防水管喝水一樣，注定會失敗。

你應該做的是，先挑一個來運用。

選一項能與你產生共鳴的訣竅，即早運用在生活之中。比如說，讓你特別感同身受的內容是第七章提到的過度道歉，那就專注在這個部分。想辦法讓它與你的思緒緊密連結在一起，像是寫在你看得到的地方、對自己大聲說出來，或是告訴一位能時時提醒你的好友。然後，開始運用它。每當你發現自己即將說出不必要的「抱歉」時，馬上提醒自己，

並且把「抱歉」從你說的每句話、你寫的每封電子郵件，以及你發的每則訊息中刪除。

讓自己努力落實這一項規則。接下來，如果你能整整一週都不說任何不必要的道歉，再繼續轉向其他能讓你產生共鳴的規則。

這本書收錄我精心挑選的祕訣，從我最受歡迎的影片內容，到我從未分享過的獨家重點精華都有。如果你是因為在社群媒體上追蹤我而開始閱讀這本書，嗨，我還是老樣子。我很榮幸終於能夠推出實體書籍，讓你能在上面劃線、撕下一小角，創造出專屬於你的書本。我知道你會發現這一切值得等待。現在是時候說出更多真心話，並且更加認真看待你的話語，也是時候毫無畏懼直言表達你的需求了。

所以，跳上副駕駛座吧，我會帶上 IBC 麥根沙士和牛肉乾。你將踏上旅程，讓你的下一次對話改變一切。

# 第一部
# 基本原則

我不必說服你溝通有多麼重要,你早就清楚這一點。但我必須告訴你,溝通能帶來意想不到的影響。你說的話會產生漣漪效應。

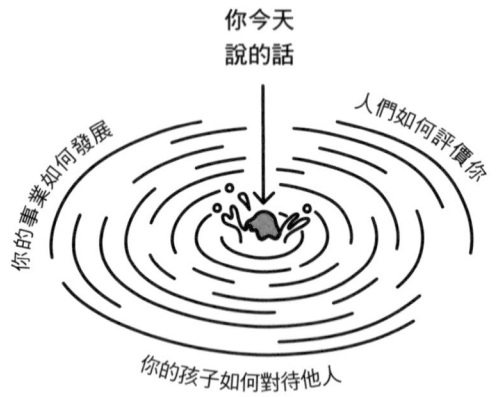

無論你認為自己多麼微不足道，無論你把自己視為大人物或無名小卒，你的話語都會產生超乎想像的力量。

你如何與同事或櫃臺人員交談，會影響他們在回家後如何與他們的朋友或家人交談。你如何與你的孩子交談，會影響他們將來如何與他們的孩子交談。你所說的話不僅對現在來說很重要，對你永遠見不到的未來世世代代來說也很重要。你永遠都不會認識的人也存在這個世界上。向對的人說對的話可以改變他的一生。

是的，行動更勝於言語，但行動卻無法取代言語。如果你不說善良的話語，就沒有資格說自己是善良的人。

你的話語反映出的你是什麼樣子？

小石子落入水面後，漣漪仍持續蔓延。

在「基本原則」中，你將學會能幫助你創造正面影響力的心態，這種影響能改善你的人際關係並延續一生，甚至改變世世代代的人。

# 第一章
# 千萬別試著吵贏對方

「我一點都不信任你,信不信我可以把你扔出去!」*他吼道。

老實說,這是一種恭維。以他的體型,確實可以把我扔得遠遠的。

鮑比‧拉普雷(Bobby LaPray)身穿棕褐色工作服,胸前左側口袋上的白底橢圓布章上,繡著黑色的字「拉普雷」(LaPray)。他直盯著我瞧,凌厲的眼神足以把我的西裝外套燒出一個洞。

一般而言,在庭外口頭取證的程序之前,我並不知道對方當事人長什麼樣子。無論我想像中的鮑比‧拉普雷是什麼模樣,絕對都不是現在這個樣子。我坐在會議室的桌子前等待,抬頭卻看見一個高大魁梧的巨人,碩大的身形填滿整個門框。我自然便站起來走向他,跟他握手並自我介紹。

---

* 譯注:原文 I don't trust you as far as I can throw you!,字面意思是「我信任你的程度,和我可以把你扔出去的距離差不多!」,由於要把一個人拋出去很困難,更別說要拋很遠,所以這句話實際上指的是「完全不信任某人」的意思。

「我是傑佛森・費雪。」我微笑說道。

「嗯。我是鮑比。」他咕噥了一聲。

我長得可不矮，身高超過了180公分。但是，我勉強才和鮑比・拉普雷的胸口齊高。他就像一座大山。我們握手時，他那巨大、長滿老繭的手在我手上留下印記，就像卡通《湯姆貓與傑利鼠》（*Tom and Jerry*）裡的場景。我從來沒有見過體型如此令人望而生畏的人。

這起案子涉及一場酒吧鬥毆，我代表一名被捲入混戰的旁觀者。根據工作流程，我必須取得目擊證人鮑比・拉普雷的證詞。在取得口供的過程中，我有機會在證人的宣誓下向他們提出問題，通常是為了在他們出庭作證前了解他們知道多少。

在古色古香的會議桌前，順時針依序坐著記錄下每一句話的法庭記錄員、鮑比・拉普雷、對造律師和我。在請鮑比舉起右手宣誓後，法庭記錄員照慣例點頭示意我開始提問。

我對鮑比・拉普雷提出一些例行性問題，詢問他的背景以及導致這場鬥毆的原因。我提出的都是簡單的開放式問題：你幾點到？你先跟誰說話？你有沒有看到某人，或是做過某件事？透過這些問題，從目擊證人的特定觀點，來建立事情發展的先後順序，算是相當常見的做法。在過程中，我始終保持和藹有禮的態度——九成是因為我的個性使然，一成則純粹是為了保護自己。我可不希望惹他不開心。

然而,無論我提出多少不痛不癢的簡單問題,鮑比・拉普雷卻變得愈來愈激動。我已經見識過很多次類似的情況,從我的經驗來看,他的情緒起伏愈來愈大。每回答一個問題,他的眉頭就皺得更深;這是負面情緒的表現。他的呼吸愈來愈沉重,從用鼻子呼氣轉為用嘴巴呼氣;這是壓力加劇的表現。張口說話時,他開始不斷扭動那雙大手;這是焦慮的表現。

不管我做什麼都沒用,似乎光是我在場就觸怒到他的神經。我可以感覺到,鮑比・拉普雷看起來愈不悅,會議桌上的氣氛就愈發緊張。感覺就像是在吹一個快要爆掉的氣球。

最後,我問他:「拉普雷先生,你想休息一下嗎?」

會議室鴉雀無聲。

「不用,」鮑比・拉普雷清了清喉嚨說。「不過我有話要說。」

他說話的聲音比平常還要大聲,就連法庭記錄員都嚇了一跳。我迅速瞥一眼對造律師,他的年紀應該超過六十五歲,但他看起來比我還要緊張。當我們四目相覷,他瞪大雙眼緩緩搖了搖頭,彷彿在說:「如果情況不妙,你只能自己想辦法了。」我回頭看向我的證人。

「是的,先生?」我問道。

鮑比・拉普雷深吸一口氣。「你給我少來這套裝熟的把戲。」

只不過實際上他沒有說「把戲」這兩個字。

「你們律師是美國最糟糕的東西，」他繼續說：「你們都只會說謊。」

他砰的一聲拍在桌子上，然後抬起手指著我說：「所以你就繼續問那些蠢問題吧。別忘了，我一點都不信任你，信不信我可以把你扔出去！我再說一次，律師是這個國家最糟糕的東西。」他重複道。

法庭記錄員露出焦慮的神情。

那一刻，我的腦海閃過無數個念頭。

首先，我很習慣碰到這種針對律師的負面刻板印象，尤其人們對人身傷害律師的偏見更多。我很努力想扭轉這樣的形象，儘管有些律師的風評之差確實是罪有應得。因此，對我的職業開玩笑或冷嘲熱諷並不是什麼新鮮事。我理解。

第二，我不怪他不信任我。並不是因為我企圖誤導他，而是因為在他心目中，我代表他知道或聽過、和法律與律師以及「法律體制」有關的所有壞事。他當然沒有理由相信我。我理解。

惹怒我的是「蠢問題」這三個字。

我很清楚自己每天都會做各式各樣的蠢事。但是，我從來不問蠢問題。

在那一瞬間，一股憤怒湧上我的心頭。我感覺全身都繃得很緊。在座位上挪動身子時，我的耳朵開始發燙。我能感

覺到自己的防備心愈來愈強。到目前為止，我的問題都是點到為止，沒有一個問題很難回答或是讓人不舒服。「蠢？我會讓他見識看看什麼才是蠢，」我心想。我很想反嗆回去，用他的體型與智商的差距譏諷他。只需要幾句恰到好處的刻薄話，我就能把他打得落花流水。我試著告訴自己，他的反應已經足以讓我知道他的真面目。

不過我以前也犯過同樣的錯。

國小三年級的時候，我的學校展開一項閱讀夥伴計畫，將閱讀能力強的學生和尚未學會閱讀的學生配成一組。我和艾凡就這樣成了同一組。每週兩次，我們會在圖書館時間坐在豆袋椅上。我會聽他試著朗讀小比爾・馬丁（Bill Martin Jr.）的《棕色的熊、棕色的熊，你在看什麼？》（*Brown Bear, Brown Bear, What Do You See?*）這類書籍。

艾凡的體型比我大得多。那時候，我很難理解為什麼他長得這麼大隻卻不會閱讀。當他遇到不認識的字時，我的工作就是幫他念出來。但他還是讀得很吃力。於是，我想出一些不同的解釋方法，像是把單字與容易記住的片語連結在一起，或是利用當下環境中的任何東西來譬喻說明。我變得很擅長運用一些小技巧來引起艾凡的興趣，讓他更容易記住比

較困難的概念。

　　有時候，我們會在午餐時間閱讀。我從畫著笑臉的棕色紙袋裡，拿出媽媽當天為我準備的午餐時，我看到老師從自助餐廳為他端來午餐。

　　艾凡的媽媽不會為他準備午餐。我開始注意到他的衣服似乎永遠不合身，像是大了三號。

　　有一次，我們在討論 throw（丟）這個單字的動詞三態時，我試著讓他把與他和他爸爸練習丟球的經驗連結起來。

　　艾凡以平淡的語氣回答：「我不知道我爸爸是誰。」

　　我清楚記得那時的感受，我張大嘴，完全說不出話來。我為他感到心碎。後來我才知道，艾凡一直和祖父母住在一起。他爸爸在他出生後不久就離家，他媽媽在監獄裡。但是國小三年級的我，對他的情況毫無頭緒，對他面臨的真實困境一無所知。我有愛我的父母每晚為我朗讀、講故事，那時我才發現，他生活在一個我完全不了解的世界裡。

　　從秋季學期到下一個學年，艾凡的閱讀能力持續進步，最終他學會自己閱讀了。我感到無比驕傲。接觸到艾凡的內心掙扎是我小時候另一個重要的人生轉折點。這是我永遠不會忘記的一課。

出言譏諷像是有三百公分高的鮑比並沒有任何幫助,只會徒增傷害——如果不是毀掉取證過程,肯定會毀了我的臉。況且,我客戶的案子需要這些資訊。**放下吧,傑佛森**,我告訴自己。我用鼻子默默吐出一口長長的氣。隨著緊繃的肩膀逐漸放鬆,我想報復的念頭也跟著消失了。

然而,我變得更加好奇,因為他的反應與他受到的刺激不成比例。每當有人把等級一的對話迅速提升到等級十的時候,往往反映出他內心的想法。這個舉動告訴你,那個人的大腦正在進行另一場對話,但你並沒有受邀參與。有些不為人知的想法正在掌控他們說話的方式,驅使他們做出反應。你看到的一切只是冰山一角。

**還有什麼事情對他產生了影響?我到底在跟誰說話?**我打算找出答案。

在他說出「律師是美國最糟糕的東西」之後,我停頓了大約十秒鐘,接著露出溫和的微笑,緩慢說:「好吧,也許你是對的。」我又等了十秒鐘,然後坐回椅子上,目光掃過整間會議室。當我準備好開口對話,便傾身向前,將前臂放在桌上。「請告訴我,你今年遭遇最大的困境是什麼?」我問道。

鮑比‧拉普雷抬頭看著我的眼睛。「你說什麼?」他嗤之以鼻。

我再問一次:「你今年遭遇最大的困境是什麼?我是指

個人的困境。」

　　一聽到這個問題，鮑比・拉普雷臉上的情緒逐漸褪去。他變得很安靜。我保持沉默，他的眼神似乎在尋找答案。過了一會兒，他終於開口，說起話來支支吾吾又猶豫不已，似乎不好意思提起這件事。

　　「我……呃……我上個月不得不把媽媽送進安養院。我的……我的爸爸早就過世了，我的兄弟是個鑽井工人，必須到處跑。所以只有我一個人。我只能獨自一個人幫助她。有很多文書和法律上的事情我都不懂。」

　　與兩分鐘前對著我怒罵的鮑比・拉普雷不同，現在的鮑比・拉普雷不一樣了。當他說話時，看起來相當沮喪。他看起來也很害怕。而且不知道為什麼，他看起來很渺小。

　　我讓他的話沉澱幾秒鐘後，溫和的回應：「很抱歉。我無法想像那是什麼感覺。」他微微點頭，緊抿著嘴唇。

　　「但我可以告訴你的是，」我確保眼神與他對視，「你是個好兒子。」

　　鮑比・拉普雷立刻低下頭，不讓我看到他的臉。他寬大的肩膀顫抖著。就像冰塊從岩石上融化一樣，大個子鮑比・拉普雷哭了起來。

　　我趕緊叫法庭記錄員停止記錄，暫時休息一下。「沒事的，」我安慰他：「我就坐在這裡陪著你。」

　　鮑比・拉普雷淚流滿面，向我傾訴他擔憂母親的健康狀

況。他告訴我，他不斷收到恐嚇信，威脅要取消他贖回母親房子的權利，而這些恐嚇信不是來自別人，正是來自……律師。他向我描述銀行和政府如何要求他提供他根本不理解的東西。他十分徬徨無助，希望父親還活在世上。我為他感到心碎。他生活在一個我完全不了解的世界裡，這讓我想起了艾凡。

鮑比・拉普雷一直獨自承受著這一切。整整二十分鐘的時間，我們坐在那裡，聽他傾訴自己的遭遇。我得到他的律師允許，問到鮑比・拉普雷的電子郵件地址。在會議室裡，我立刻用手機傳出一封電子郵件，寄給當地處理老人法和財產管理的同事，並將副本寄給他。她幾分鐘後便回信給我，欣然同意下週一與鮑比・拉普雷見面。

「謝謝你。」他對我說。

「不客氣，」我說。「你還好嗎？」我問道。

他用力擤了擤鼻子，用袖口擦一擦，然後坐直身子。

「嗯，」他帶著一絲絲尷尬的笑容回道：「我準備好繼續了。」

在接下來取得口供的過程中，我和真正的鮑比・拉普雷展開了對話。他的回答直接而坦率，說起話來更輕鬆。他變得更活潑，甚至開起玩笑。他看起來完全不像是要把我扔到天邊去了。

「都問完了，」我最後說：「我沒有其他問題了。感謝你

抽空來一趟。」

我們全都站起來，我走向門口，伸出手，準備好再次迎接那痛苦的死亡之握。但在最後一刻，鮑比・拉普雷張開雙臂，給了我大大的擁抱。我只能微笑跟他說：「保重」。

雖然我沒有親眼看見，但我很確定我的腳離開了地面。

## 你眼前看到的人

我一生中經歷過無數次像這樣的互動。有時候，對方就跟鮑比・拉普雷一樣。其他時候，我自己就是鮑比・拉普雷。但是，為什麼會這樣呢？為什麼只要放棄吵贏對方的想法，反而能讓你得到更多好處？為什麼與對方建立連結能賦予你優勢？你又該如何在溝通過程中發揮這股力量呢？

我們很容易誤以為溝通應該簡單又直接。在那個世界裡，如果你說：「你錯了。」對方會立刻回答：「是的，你說得沒錯，我確實錯了。」在那個世界裡，如果有人說：「我很好。」唯一可能的解釋就是他們完全沒有任何問題。在那裡，你從某個人外表上看到的樣貌，就等同於他內在的全部，人們總是表裡如一。你認為應該是這樣。你希望這個世界是這樣。

然而，事實並非如此。

如果你告訴別人他們錯了，對方反而會更確信自己是對

的。當某人說自己很好的時候，他們往往一點也不好。這絕對不像用刻板印象對號入座那麼簡單。因為有這些問題，我想先點出本書的一個核心主題，希望各位能在理解之後，將這個概念時時放在心上：

**你眼前看到的人並不是跟你對話的那個人。**

你可以想像一條河流以及它潛藏的暗流。從表面來看，你的眼睛和耳朵可以捕捉到一個人的肢體語言，這些線索塑造了你對他的認知與判斷。但在表面之下發生的事情，才反映出他們真實的處境。例如：

- 你**眼前看到**的同事心浮氣躁又不耐煩。**跟你對話**的同事昨晚沒睡好，因為他很擔心要怎麼說服他的兄弟去勒戒所。
- 你**眼前看到**的收銀員失神且漫不經心。**跟你對話**的收銀員正在煩惱如何負擔孩子開學後所需的用品。
- 你**眼前看到**的配偶緊張且易怒。**跟你對話**的配偶今天在公司度過了糟糕的一天，一切要從無禮客戶寄來的電子郵件開始說起。

或者說，就我的情況而言，眼前看到的這位巨人侵略性

十足、防備心很強。另一方面,跟我對話的鮑比・拉普雷卻感到孤獨,而且很擔心他的母親。你其實是在跟另一個人對話,你不認識那個人,而當衝突讓你們產生對立時,這個人也是你必須尋找的那個人。了解表面之下還有更多東西是一回事,但是,要想辦法與他們更深層的自我建立連結,卻又是另一回事。你究竟應該如何與他們溝通呢?

## 你聽到的掙扎

當鮑比說我問的是**蠢**問題,我急切想要證明他是錯的。在那一刻,**我的**需求比這個案子來得重要。我很想讓別人知道我是對的,反倒因此看不見其他的選擇。我想要贏;這是別人期望我做的事。

「哦,你是律師?那你一定常常吵**贏**別人。」我經常聽到這句話。但實情並不是這樣。

市面上有不計其數的書籍,聲稱能教你如何贏得每一場爭辯,因為所有人都覺得你應該這麼做;**贏就對了**。那麼,讓我現在就告訴你。如果這就是你讀這本書的原因,請把這本書退回去吧。用「贏得爭論」來宣傳的做法實在過於氾濫,而且還有誇大之嫌。這不是這本書想傳達的事,我會告訴你為什麼。

首先,你可以吵**贏**對方,但仍然是錯的。其次,即使你

贏了，依然還是什麼也沒得到。

想要贏得爭論，注定是一場失敗的遊戲。就算你贏了，代表你可能失去更珍貴的東西，像是對方的信任、尊重，或者更糟糕的是，失去了彼此之間的連結。你唯一贏得的是對方的蔑視。

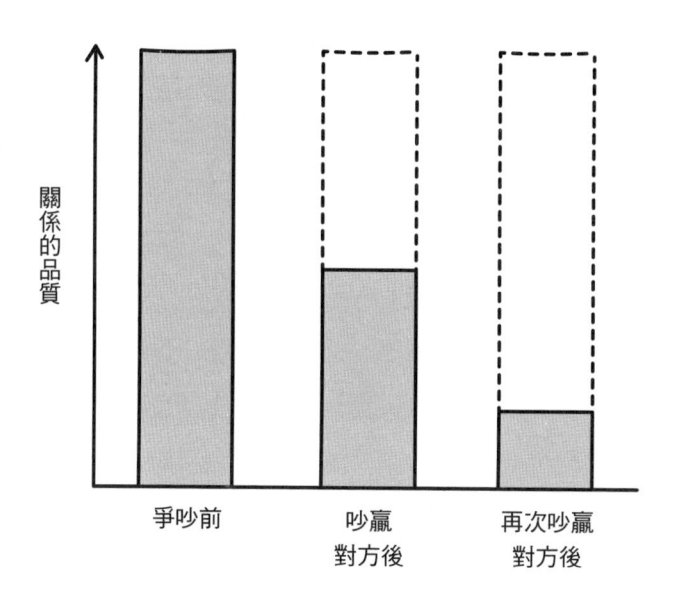

關係的品質

爭吵前　　吵贏對方後　　再次吵贏對方後

而這一切是為了什麼？爭論結束，對話也走向終點。你贏了，恭喜你。現在你得到了什麼？問題仍然沒有解決，代價卻是受傷的情感與尷尬的沉默。最有可能的情況是，你還是得想辦法和這個人溝通，依然得跟他們一起生活、一起工作。現在你可能欠別人一個道歉，這取決於你當時說了什

麼。與對彼此關係造成的長久傷害相比，任何驕傲的感受都只是一時的快樂。

就連訴訟律師也不會試著吵贏對方，畢竟他們無法選擇客戶面對的現實狀況，也無法選擇要遵循哪一條法律。所有證據都必須通過檢驗，決定可否採納為證供，接著由法官或陪審團將法律應用於證據之上。這樣做與其說是為了贏得爭論，不如說是為了讓事實發聲。

溝通中的競爭讓社會深信這世界分為「對」與「錯」、「贏家」與「輸家」。一場政治辯論結束後，隔天早上大家問的第一個問題永遠是：「是誰贏了？」但是，如果我們回到古希臘時代，當時的辯論與輸贏毫不相干。不同立場之間的辯論是為了追求真理；揭露他人論述中的弱點是為了強化並改善它，並不是為了駁斥它。眾所周知，辯論過程會持續好幾天，甚至好幾週，讓每個人都有時間形成觀點，共同探討有爭議的問題。

今日，人們往往呈現出截然不同的反應。與其讓意見分歧促使自己從他人的觀點中學習，我們反而會將它拒於門外。人們不但沒有調整自己的理解方式，反而將其視為威脅。我們把社群媒體當作個人的傳聲筒，用來表達自己強烈的反對。

坦白說，社群媒體上有多少貶低你觀點的貼文真的改變了你的想法？又有多少你批評他人觀點的貼文真的改變了他

人的立場？從來沒有。世界持續轉動，新聞週期不斷循環，到了隔天就沒人在乎。那麼，然後呢？你證明了什麼？

讓自己失去內心平靜最快的方法，就是好好教訓別人一頓。吵贏別人或許能滿足你的自尊心，但仍然會讓你感到空虛。在溝通過程中吵贏對方，從來就不會讓你的生活變得更美好。這就是為什麼我很關心你，想告訴你真相：

**千萬別試著吵贏對方。**

無論是爭吵、激烈的討論或談話時輕微的摩擦，你的目標都不是「贏」，而是**「解開死結」**。先從繩子鬆散的一端開始，直到你理解問題的核心，就會找到深處的那個結。

這是一本關於「結」的書。承認吧，你寧可跳過這些社會關係中的種種難題。解開糾結的繩索需要時間、情感以及努力。這就是溝通過程中「衝突」所代表的意涵：掙扎。

爭吵將讓你看見對方的掙扎。在每一次艱難的對話中，總會有某個人（無論是你或對方）、在某個時刻遇到阻礙。也許你搞不懂他們想說什麼；也許你心情不好；也許你不同意某項論點。但這不是觀點之間的衝突，而是彼此世界觀的衝突，因為你們看待事物的方式不一樣。在每個嚴厲而不加修飾的字眼背後，都存在一篇背景故事、一個原因。如果你能努力找出背後的原因，如果你能夠一層一層剝開爭論的表

象，找出隱藏在底下的掙扎、恐懼或希望，那才真正是溝通的開始。

說到底，這一切與爭吵本身無關。而是在透過鑰匙孔窺見另一個人的世界，並且意識到，也許你以為自己想要的勝利，最終不是你所需要的。

## 接受挑戰

多數人都知道，成功源自於將失敗視為墊腳石，而非看作挫折。接受失敗是過程的一部分。你可以從錯誤中學習，讓自己變得更強。溝通過程遭遇的失敗，像是意見不合或是爭吵，也是一樣的道理。這些失敗將帶來成功，因為它們點出你需要改進的地方，告訴你如何讓互動變得更有深度。愈是深入的對話，就愈需要有效處理衝突。如果處理得當，衝突就不只是爭吵而已，而是一次機會。衝突能夠促成真正、有意義的連結，只要你願意看見它。

哪些生活經驗塑造你看待衝突的方式？

當你還小的時候，挑釁的大喊「不要！」，或是用「為什麼？」來轟炸大人，都是你弄清楚事情的方式。有因就有果。到了青少年時期，這些簡單的兒童期反應變成更複雜的問題，你開始在家庭以外尋找自己的位置與身分。你穿的衣服、你聽的音樂，甚至你混的圈子，都傳達出你想成為什麼

樣的人。步入成年後，意見分歧不再是出於展現自己的個性，而是關於如何與他人共存的問題。你們開始聊起孩子、職業發展，以及房屋貸款等話題。或者，就我的情況而言，我們聊的是應該購買什麼樣的吸塵器，以及討論我在爸媽家車庫裡找到的那件家具是否堪用。成年之後，你關注的事情也跟著改變。隨著你開始以集體方式思考，你的責任也愈來愈重大，現在你必須為自己以外的人負責，像是年邁的父母或自己的孩子。你會對政治、新聞以及全球事務等更廣泛的議題產生興趣。

儘管你的年齡已經不小，但情況可能感覺更加不確定。每當這種情形發生，你往往會回到自己熟知的一切反應，也就是你的生活經驗和成長過程中塑造的行為模式。

請問問自己：我小時候看見的爭吵場景如何影響我現在處理爭執的方式？

如果在你成長的家中，吼叫和攻擊是處理衝突的常用方法，你可能會認為這就是處理事情的方式，即使你很清楚這不是表達個人觀點的最佳方式。另一方面，如果在你的成長環境中，每個人都為了保住面子而小心迴避紛爭，或是因為害怕鄰居的想法而避免對話，那麼直接捲入紛爭之中可能會讓你覺得不舒服。

就拿我小時候暑假去朋友家住的經驗來說吧。他的父母當著我們的面大吵一架，他們不只用力甩門，你想像得到的

各種場景都有；我記得自己當時感到尷尬不已。從小到大，父母從來不會讓我看見他們在吵架，不是在他們的房間裡討論事情，就是等到我們睡著以後再爭論。所以，看到他的父母大吵大鬧，我很確信眼前上演的是一場離婚糾紛。但我的朋友怎麼想呢？他根本不為所動。對他來說，這不過是尋常的週二晚上。

回顧過去，也許你並不滿意身邊的人處理衝突的方式；也許你有不好的回憶，看到爭吵讓你所愛的人展現出最糟糕的一面；也許你發現自己在重複他們說過的話，或是模仿他們的行為，即使是非常小的事情，像是你移動手的方式，或你說話的語氣。到了現在這個人生階段，你開始意識到自己

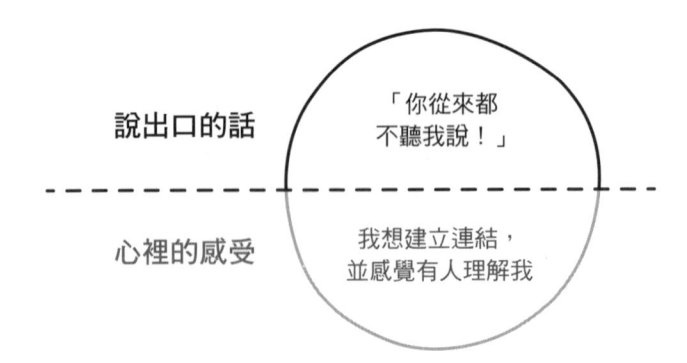

說出口的話　　　「你從來都不聽我說！」

心裡的感受　　　我想建立連結，並感覺有人理解我

觀察到的並不是合理的處理方式。你不禁想問，如果你看到更好的衝突解決方法，人生會不會因此變得更輕鬆？

如果這就是你的現況，那麼我想請你接受挑戰，並打破這個循環。

別再一心只想吵贏對方，而是應該將爭吵視為機會，試著去理解話語背後的那個人。別再只聽對方說出口的話，而是認真去聆聽對方的內心感受。

訓練自己與眼前的人建立真誠的連結。

接受溝通失敗的結果，並從中學習。將每一次的錯誤當成墊腳石，踏上成功之路，為你的人生騰出更多的空間，擁抱正向與**真實**，就像是從那個想把你扔得遠遠的人身上得到大大的擁抱一樣。

現在，接下來這幾頁的主題可能對你來說不是什麼新鮮事。你知道自己應該充滿信心的說話並控制好你的情緒；你知道自己應該避免築起防備心，並為自己挺身而出。你的問題是：「好吧，**但那會是什麼樣子？**」

嗯，這要從你接下來所說的話開始講起。

## 本章小結

- 你眼前看到的人並不是跟你說話的那個人。每個人都有表面與內在之分。通常來說，你在某人語氣中聽到的情緒不是為了激起紛爭，而是渴望建立連結。
- 別相信謊言，你不需要吵贏對方。當你一心只想要贏，往往會失去更多，像是對方的信任或尊重。相反的，請將爭吵視為看見對方掙扎的一扇窗。
- 衝突可以促成你生命中的正面變化。為了善用這股力量，你必須願意與對方建立連結。
- 將衝突轉化為連結，將引領你踏上更充實、有意義的人生道路。你所需的一切盡在你接下來所說的話語之中。

# 第二章
# 你的下一次對話

嗶嗶。

你低頭看手機,螢幕上出現一則意料之外的訊息:「我準備好跟你聊聊了。」

是朋友傳來的,至少你確定他還是你朋友。幾週前,你們吵了一架,結果你說他自私又愛引人注目,他說你瞧不起人又控制欲強。你們誰都不願退讓,也不願主動向對方遞出橄欖枝。但是,你們有太多共同的朋友,不可能不碰面。你們仍然不說話。老實說,情況變得很尷尬。

你再讀一次這則訊息,幾乎覺得自己贏了這場僵持戰,但其實你上週就打算要跟他聊聊了。現在你準備好放下自尊心了。「我也是,」你回覆道:「明天一起吃午餐?」

幾秒鐘後,對方回覆:「聽起來不錯。明天聊。」

時間快轉到隔天中午,你們兩人面對面坐著。寒暄幾句後,你打破僵局。「你說的話真的傷到我了。」

「我傷害了**你**?」你的朋友用指責的語氣說道。

你再重複了一遍。「沒錯,你說的話傷到我了。你根本

不在乎。」

你的朋友打斷你:「我想,如果你沒有那樣反應,我就不會那樣說了。」

「等等」,你心想,「事情不應該這樣發展,這不是他應該說的話。」在腦海裡,你的想像是你的朋友會道歉,並意識到他的表現有多麼糟糕才對。於是,你緩緩搖著頭,鼻孔撐大,皺起眉頭。「你想來硬的?好吧。」

你反駁道:「我?才不是,是你先開始的。」

你的朋友很快回應:「我只是覺得很好笑,你竟然會……。」

同樣的劇碼再度上演。

你們的對話又陷入幾週前的狀態。你告訴自己,「實在是錯得離譜。我真蠢,竟然以為他會替自己以外的人著想。」但你還是繼續跟他吵。你知道自己應該稍微讓步,試著挽回談話,但是不行。現在是原則問題。「我是對的」,你提醒自己。在這段過程中,你的朋友也有同樣的想法與感受。經過幾分鐘的唇槍舌戰之後,你的朋友說:「你知道嗎?算了吧。我就知道這是在浪費時間。」接著他突然起身離開。

你愣在那裡,看著帳單和吃了一半的午餐,覺得胃口盡失。你在想這段友誼是否就此走向終點,甚至懷疑自己是否真的在意這段關係。然而一旦冒出這個想法,你意識到自己確實很在意對方,而且你還沒有準備好放棄。

你很希望自己第一次就能說出正確的話。

## 下一次對話的力量

溝通過程中唯一可以確定的是，你一定會說錯話。好消息是，你不會一直錯下去。這就是為什麼你的下一次對話往往比第一次來得更重要。

你可以在下一次對話中改變**一切**。

沒錯，初次的對話很重要，像是與人第一次見面留下的第一印象就很重要。但是，**下一次**對話才是測試第一印象是否準確的關鍵。無論是求職面試、第一次約會或初次見面，每個人都會小心翼翼。每個人都會表現出最好的那一面。隨著時間過去，光環逐漸褪去，你自以為認識的那個人可能會變成完全不同的人。那名令人期待的新員工竟然毫無團隊精神；那個你喜歡到願意約第二次見面的人說了一些話，讓你立刻打消念頭，決定不約第三次；而在那場專案會議上，明明所有人都說喜歡你的計畫？其實大家根本興致缺缺。在這些後續的對話中，人們會更自在的表達他們當初迴避的話題。如此一來，接下來的對話可能更接近真相。

這些對話也更具有療癒的效果。以一場激烈的爭吵為例，隨著緊張的情緒升高，你們可能會開始大吼大叫，當兩人精力耗盡後，對話的動力就會逐漸消失。這個過程可能持

續幾分鐘，甚至好幾年。但是，最終你們會想辦法回到對方身邊，展開下一次對話。第二次對話時，你們往往會低聲說話，盡量減少自己的反應，或者是用類似「我剛才的意思是……」的句子表達想法。你們都想要修補並恢復這段關係。下一次對話能帶來後見之明與反思的好處，讓你們了解第一次對話中少了些什麼。在下一次對話中，你們可以做很多事情：用不同方式的表達、道歉，或者一笑置之。

你很清楚這一點。

各位正在讀這本書的其中一個原因，可能是你已經和生命中那個難搞的人談過很多次，而且實在太多次了。你拿起這本書是因為，你必須知道應該如何處理下一次對話。即將跟你展開下一次對話的人是誰？你必須展開哪些對話，卻遲遲沒有行動？在讀這本書的過程，你可以想像自己將這些方法應用在日常生活各式各樣的溝通情境之中。

你可以在下一次對話中找到自己想表達的一切，以及你想表達的方式。

## 為什麼你的對話需要目標

然而，對於下一次的對話，你必須注意一件重要的事：不要仰賴你腦海裡設想的對話發展過程。

就算你在腦海裡練習與朋友進行了數十次艱難的對話，

最終仍有可能功虧一簣。為什麼會這樣？為什麼你腦海裡的對話如此完美，現實生活中的對話卻毀於一旦？

答案是，你的目標讓你注定失望。

一旦你所選擇的對話目標不切實際，或是你無法掌控的時候，你就會對對方抱有過高的期待，也對自己期望過高。我知道這樣說很奇怪，但是你把標準設得太高了。你想揮出一支全壘打，但其實你只需要一支安打。

與其告訴自己「我必須立刻解決所有問題」，或是「一切必須完全回復到以前的狀態」，不如讓你的目標變得更容易達成。你可以設定很簡單的目標，像是「我想聽聽他們的觀點，而不讓自己展現出防備心態」，或是「我想聆聽他們的想法，而不打斷對方」。與其立志摘下月亮，不如踏出那一小步，讓彼此更了解對方一點。

在最基本的層面上，你每一次對話的目標都應該符合這種心態：

**試著學習一些事情，而不是試圖證明一些事情。**

一旦你把目光放在更小、更容易達成的目標上，專注在學習上，而非執著要證明某些事的時候，你就更有可能展開成效卓著的對話，引導你邁向成功。

一旦你的對話
有了目標

← 證明事情　　📍　學習事情　→　學習更多事情　🏁
　　　　　　起點　　　　　　　　　　　　　　終點

　　讓我們回到與朋友共進午餐的例子，在你坐下來之前，其實不知道自己想從這次的見面當中得到什麼。也就是說，你只想要讓朋友承認你是百分之百正確，而他是百分之百錯誤。只有對方開始卑躬屈膝，你這個仁慈的朋友才會重新接納他。

　　是啊，這種情況永遠不會發生。

　　在沒有計畫的情況下展開艱難的對話，單純的一心希望得到完全對自己有利的完美結果，最終一定會以失望收場。內心抱持著明確而實際的目標進行艱難的對話，才能創造真正的改變。重點是要**實際可行**。

　　試著比較下列這些遙不可及的目標與實際可行的目標：

- 不切實際的目標：
  －希望對方立刻道歉並承認「你是對的」。
  －期望對方無條件接納你的觀點。
  －相信一次的對話就能解決所有潛在的人際關係問題。

－假設你們的討論會自然而然引導對方從你的角度看待所有事物。
－認為對方會讓步，並且為你提出的每一項論點承擔責任。

- 實際可行的目標：
  －確保對方知道你關心他們。
  －更深入理解對方的想法。
  －針對緩解衝突或避免衝突再次發生的方法達成共識。
  －在不評斷對方的情況下承認對方的感受。
  －即使沒有達成共識，也要讓對方在談話結束時感覺有人聽到他的心聲。

看到兩者的差別了嗎？

你能讓對方無條件接受你的觀點的機率是零，但你有九成的機率能夠更深入理解對方的觀點。只要設定實際可行的目標，你就可以將對話界定在自己能夠達成的期望之內。為了找到下一次對話的目標，你可以試著問自己下列問題：

1. 如果必須做選擇，我最需要對方理解的是哪一件事？
2. 我可以採取什麼樣的小步驟，讓對方知道我聽見了他們的心聲？

3. 我正在做什麼樣的假設？
4. 我該如何表達自己很感謝有這次的對話機會？
5. 在對話過程中，我是否試圖吵贏對方？

回答這些問題可以幫助你制定目標，並且在對話中達到想要的結果。但容我提醒各位，現在你只完成了一半。目標不過是目的地而已，你還需要抵達目的地的方法。

## 為什麼你的對話需要有價值觀

對話中的價值觀是你的指南針，可以確保你的目標設定在你認為真正重要、充實且有意義的方向上。無論討論的主題走向是什麼，你的價值觀總是能為你指引真正的方向。與其將重點放在對方身上，你對話中的價值觀更能夠幫助你回答這個問題：「我該如何展現自己的立場？」也就是說，在對話結束**之後**，你希望別人看到什麼樣的自己？

讓我舉一個簡單的例子。假如你設定的對話目標，是要讓對方聽見你的想法，而你的價值觀是誠實。在對話的尾聲，對方會問：「我們沒事了吧？」通常來說，你只想回一句「沒事」，然後迅速結束這場對話。但在內心深處，你還是覺得對方沒有聽見你內心的想法。因此，比起草率回應，你告訴對方：「我很感謝你的分享，也已經理解你的想法。

但是我覺得你還沒有完全理解我的**觀點**。」透過堅守誠實的價值觀，你就能確保在達成目標的同時忠於自我。

價值觀反映出你是誰，以及你代表什麼樣的立場。在對話中，這些價值觀也會反映在你的行為上，影響你傾聽、回應與參與對話的方式。當你的對話與你的價值觀一致時，你甚至在對話開始**之前**，就已經為達成目標做好了準備。

想一想生活中讓你感到最自在的那些時刻。那不一定是你最快樂的回憶。也許是你幫助別人的時候，或是你為某些事情挺身而出的時候。反思一下你展現出什麼樣的價值觀。是同情心？正義？公平？想一想你在最親近的朋友身上發現到什麼重要的價值觀。

有一個簡單的練習可以幫助你找到自己的價值觀，那就是詢問最了解你的人，像是你的好友、伴侶或家人。問他們以下幾個問題，並且寫下答案。

1. 根據我們的日常對話，你認為我覺得生活中重要的事情是什麼？
2. 你會用哪三個字詞來向不認識我的人描述我的性格？
3. 我最熱衷於談論什麼樣的話題？
4. 在我所擁有的友誼之中，對我來說最重要的是什麼？
5. 你希望我能多多表現什麼樣的情感？

儘管答案可能讓你感到驚訝，但這些答案並沒有對錯之分。詢問的過程只是為了幫助你清楚了解，你向全世界展現的形象。有了他們的回饋意見，你可以花時間思考一下，自己想在世上留下些什麼——你想成為什麼樣的人、你希望人們如何記得你，以及你想要為世界帶來什麼樣的貢獻。你可能要花幾小時、幾週，甚至一、兩個月的時間來深入理解並找出你的價值觀。沒關係，花點時間是值得的。此外，你的價值觀不一定是一個字詞而已，也可以是一組詞語或完整的句子。只要對你來說有意義就可以。為了公平起見，我的價值觀如下：

- 我不會錯過任何能善待他人的機會。
- 透過行動、而非言語來展現我的為人。
- 如果我無法成為橋梁，便將化身為燈塔。

我的個人價值觀凸顯出對我的個性來說很重要的事情。首先，善良讓我想起我的媽媽，以及她對待每個人的方式。更重要的是，無論他人做出什麼樣的行為，我都希望以善意對待他們。我希望自己能積極行動，而不是只會空談。即使問題無法立刻解決，我也希望成為一道穩定的光芒，化作接納他人的避風港。這些價值觀讓我在每一次溝通時都能保持一致的立場。當我以個人價值觀回應對方時，在衝突時該說

什麼、該如何表現的內心掙扎，就會迎刃而解。

這就是重點。你不必苦惱該說什麼、或是該怎麼說。你不必猶豫是否該以其人之道，還治其人之身。你的價值觀會為你做出艱難的決定。當你的溝通方式與個人價值觀一致時，你就更有可能達成目標，並確保在艱難時刻，真實的自我能夠自然現身。但是，這代表在你開口**之前**，就必須做好辛苦的準備工作。

明白了嗎？很好。現在讓我們重新再來一遍。

嗶嗶。

你低頭看手機，螢幕上出現一則意料之外的訊息：「我準備好跟你聊聊了。」

在安排好明天與朋友的午餐會面後，你決定好要用什麼方式和他溝通。與其被動期待對話會奇蹟似的朝著對你有利的方向發展，或指望朋友能突然醒悟，你打算花點時間思考更積極的做法。你將目標設定為深入理解彼此的觀點。你選擇將「感恩」作為引導你的價值觀，對這位朋友和你們共同享有的回憶抱持感謝之情。現在你準備好重新開始。

當你們兩個坐下時，你說：「謝謝你願意與我見面。」

「別這麼說。我本來就想跟你見面。」你的朋友回答。

你主導對話的走向。「我當時應該做得更好的。」

你的朋友回道:「我也是。」

你稍微放鬆了一點,心裡牢記著你的目標與價值觀,接著深吸一口氣,繼續說下去。「幫我一個忙,讓我能更清楚了解你想表達的意思。我漏掉什麼重點?」

在接下來的二十分鐘裡,你的朋友向你傾訴他的不安,這些都是你完全不知道的事情。如果你當初能把握機會了解這些事情,你們就不會走到現在這一步。

你沒有插嘴,也不出口反駁或替自己辯解,而只是默默傾聽。

你的朋友感覺你聽見他的心聲,漸漸放鬆了下來。

「我可以分享一下我觀察到的事嗎?」你問道。

「可以,我想那會對我有幫助。」你的朋友說。

不久,你們繼續分享彼此的感受和觀點,所有的不愉快都已成過去。

當你準備下一次的對話時,不要只依賴腦海中的想像。要實際一點,設定好目標。下列問題會對你有幫助:

1. 我這次對話的目標是什麼?

2. 我需要哪些價值觀來達成這個目標？

如果你能將對話的目標和價值觀牢記在心裡，就能讓建立連結變得易如反掌。你下一個對話的對象是誰？你必須展開哪些對話，卻遲遲沒有行動？與其試著一次解決所有問題，不如專注在更小、更容易處理的對話。接著，再進行下一次對話。透過一次又一次的對話，建立起彼此的連結。像這樣善用下一次對話的力量。

每一段穩固關係的基礎都是建立在這種心態上，對話的目標不是吵贏對方，而是日復一日、年復一年與彼此建立連結，和對方分享自己的想法，並且一同成長。就讓你的下一次對話成為明確落實目標和價值觀的機會吧。

## 本章小結

- 要邁向建立連結的第一步很簡單,只要開啟下一次對話即可。
- 認為艱難的對話會完全按照你腦海中的想像發展下去,結果只會讓你感到失望。
- 不要在一次的對話中施加太多壓力。降低你的期望,讓自己養成學習的心態,而不是一直試圖證明自己。
- 為對話設定實際可行的目標,目的是要促進理解,而不是追求快速(且不切實際)的勝利。用你的價值觀去支持這項目標,透過遵循這些原則,確保你展現出真實的自己。

# 第三章
# 建立連結的真相

不久前，我媽突然傳訊息給我。她問起我們家那輛白色的日產車，那是我在讀法學院時開的車子，後來留給了我的弟弟妹妹。那輛車就停在我父母家的車道上，我已經很多年沒有開過了。以下是我們傳給對方的訊息：

媽媽：你知道那輛白色日產車跑了多少英里嗎？
我：不知道，媽。
媽媽：你不知道里程數是多少？
我：不知道，媽。
媽媽：好吧，我以為你會知道那輛白色日產車跑了多少英里。
我：媽，我不知道還能怎麼跟你說。我不知道那輛白色日產車的里程數。
媽媽：沒關係，傑佛森。我只是不喜歡你的態度。

老實說，這讓我笑了出來。幸好她沒有站在我面前。我

幾乎是立刻打電話給她，做了簡訊無法做到的事：用輕鬆的語氣傳達我的意思、確保我有誠意對話，並且真心的道歉。

各位有沒有過類似經歷：儘管你根本沒有生氣，但你跟對方的簡訊往來對話卻突然演變成爭吵？或者你是否曾經因為一封電子郵件或網路訊息，誤讀或曲解某人的語氣或他對你的感覺？為什麼儘管有這麼多技術能讓溝通變得更容易，但一切似乎變得比以往還要困難？

答案是：你沒有在傳達情感細節的層次上與對方建立連結。你只是在傳輸排列成文字的像素，卻又期望得到同樣的結果。

你生活在「傳輸」的世界，而非「連結」的世界。

真正的連結在於分享有深度的訊息，它不僅凸顯出傳達方式與脈絡情境的重要性，更包含了你對歸屬感、理解以及表達的深層需求。

簡訊、電子郵件等傳輸方式，只不過是透過冷冰冰的媒介傳送並接收訊號。傳輸是在交換訊息，只注重資料的處理和傳遞。傳輸固然有效率，但卻不在意人們能否理解對方，也毫不關心訊息內容是否真實。

你每天都會看到傳輸帶來的問題。這就是為什麼人們會在社群媒體的評論區，寫下他們絕不會在別人面前說的話；這就是為什麼簡訊和電子郵件容易被人誤解；這也是為什麼人們覺得躲在鍵盤之後，就彷彿受到了保護。傳輸讓人與人

之間的連結不復存在。

我媽是否在她的腦海裡聽到了我的訊息？噢，她聽得很清楚。但是，她需要聽到我的聲音才能聽懂我真正的想法。

請別誤會我的意思。在現今的數位環境中，遠端互動絕對有其存在的必要與目的。然而，如果你以為傳輸可以取代連結，那你就錯了。事實並非如此。這就像是誤以為用眼睛看樂譜和聽實際交響樂團演奏能夠產生一樣的感受，或是誤以為一段描述日落的文字和親眼見到日落能夠產生一樣的感受。「傳輸」可以傳遞資訊，但「連結」才能為資訊注入生命。

你應該要感受到笑容帶來的溫暖，而不是只讀取表情符號而已。

## 什麼是連結？

我現在意識到，我可能過度使用「連結」這個詞了，有點像是呼籲大家「覺察當下」。這個概念聽起來不錯，但它到底是什麼意思？

從最基本的層次來看，**連結**背後隱含的是理解與承認。你可以把它想像成一種雙重認證。要建立連結，兩者缺一不可。如果我理解你，但你卻看不出來，那你就無法與我建立連結。如果我承認你所說的話，但還是無法理解你，我也無法和你建立連結。你需要內心的理解過程和外在的承認過

無論對話
如何發展……

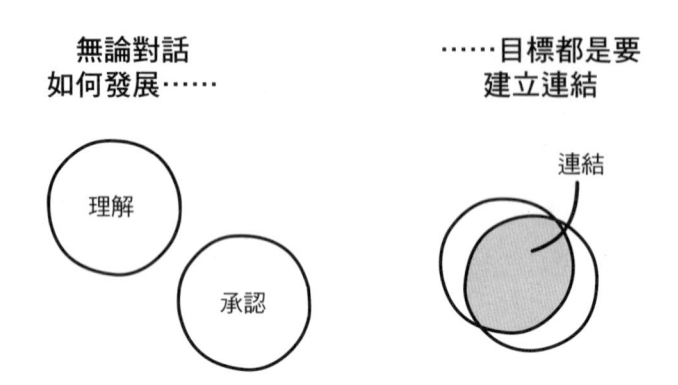

理解

承認

……目標都是要
建立連結

連結

程,才能建立連結。

對我來說,連結就是你決定捲起袖子,根據對話的本質來展開對話,而非依照你想要的方式發展對話。我可以理解並承認你所說的話,但不必同意你的觀點。我可以理解並承認你所說的話,但仍然對你感到生氣、覺得難過,或是感覺被你傷害。

還記得在青少年時期,我因為某件不公平的事情而感到不高興,並對此提出了異議。這時我爸爸總會說:「你不一定要喜歡它;你只需要理解它。」如同你所想像,那時候的我一點也不喜歡這句話。但隨著年紀漸長,我開始明白他話中的智慧。他給了我表達「不同意」的空間。他是在確保自己能與我建立連結,這樣我才能理解其中的原因。

人們在衝突的情境下理解「連結」這個詞時,往往會將它解讀為「將負面的事物轉變為正面的事物」,彷彿一切充

滿幸福的事物，一切就像美好溫馨的電影時刻那般。但這不是你和我所生活的世界。「連結」既是正面的，也是負面的。「連結」既能帶來幸福，也能帶來悲傷，它可以很容易，也可以很困難，兩者兼而有之。你無法選擇對話的結果，你只能選擇是否嘗試與對方建立連結。

還有一件事相當重要：有時候，不建立連結才是正確的選擇。有時候，斷開連結**才是**答案。不是每次的對話都需要建立連結。也許你聽過這樣的說法：建立連結是嘗試「在對方的層次上」或「在對方所處的位置上」與他們達成共識。但我不認為這是一項必須遵從的硬性規定。在某些互動中，你不應該在對方的層次上與他們達成共識。在某些對話中，你甚至不應該待在距離他們方圓一千英里以內的位置。有些人就是不希望有人接近他。這並不代表你失敗了，而是往往能顯現出你的智慧。

現今許多探討溝通的文章都陷入一種觀念，認為我們應該創造輕鬆的對話，讓每個人都能感到開心又自在。然而，誠實的溝通與開心或自在一點關係也沒有。有時候，建立連結就意味著雙方必須展開令人感到不自在的對話。無論如何，你需要的是控制能力和自信心。

## 切斷連結的三大原因

理論上，溝通應該很簡單。我說了一些話，你聽懂了，你回我幾句話，我明白了。小菜一碟，對吧？才不是呢。日常溝通中充滿形形色色的問題，像是誤解、干擾、自我防備以及過度反應。有些人沒有意識到，這些問題正在影響他們的生活。有些人只是缺乏技巧或練習，無法在不引起更多問題的情況下克服這些問題。當你溝通失敗，通常是因為以下三個常見原因而切斷了彼此的連結。

### 原因一：缺乏覺察能力

在激烈的討論中，你是否聽過有人冷嘲熱諷道：「你有聽到自己在說些什麼嗎？」老實說，沒有，你根本聽不到。

我是說真的，你確實聽不到。我們在說話時腦海中聽到的聲音，實際上來自**骨骼**的振動。聲帶的震動通過頭骨傳到你的內耳，讓你的聲音聽起來更低沉、更飽滿。然而，如果你聽的是錄下來的聲音，你聽到的聲音則來自穿透空氣的聲波，這會讓你的聲音聽起來比你認為的還要單薄、或是「不對勁」。因此，如果你曾經看過自己的影片或聽過自己的錄音，你可能會想：「等等，那是我的聲音嗎？我的聲音聽起來是這樣的嗎？」因為那的確不是你的聲音，至少對你來說那並不是你的聲音。

如此一來，當你說話時，自然完全無法察覺他人看見、聽聞或是經歷的一切，也就不足為奇了。你很難察覺到自己的音量、習慣性動作或常用的口語填充詞。是否曾經有人告訴你，他們不喜歡你說話的語氣，不過你卻認為自己的語氣完全沒問題？或是有人告訴你，你正在大吼大叫，而你卻不覺得自己有這樣做？

很多時候，在你與他人對話時，你的情境感知能力會讓你處於衝突的狀態。缺乏覺察能力可能會為你的人際關係注入緊張氣氛，而且這種情況幾乎都是在無意間造成。想像一下，在辦公室接到一通令人緊張的電話後，你和同事在走廊擦肩而過，對方跟你微笑打了聲招呼，你卻不自覺皺起眉頭、表現出心煩意亂的樣子。那位同事現在可能會躲著你，或者更糟糕的是，他會對其他人說你的壞話，這一切只因為你沒有意識到自己發出的訊號。

你也聽過有人這樣說：「我以為你在生我的氣。」

最難達到的覺察能力就是自我覺察。所以，請你告訴我：你現在肩膀上的緊張感從何而來？你有在深呼吸嗎？為什麼你的下巴處於緊繃狀態？少了自我覺察能力，感覺就像在黑暗中跌跌撞撞，不知道自己說話時會踩到誰的地雷，也找不到通往自身幸福的鑰匙。

覺察能讓你觀察自己當下的感受，並了解自己為什麼會有這樣的感受。覺察讓你能夠盤點自己的情緒，並根據你的

發現來採取行動。經過磨練之後，覺察能力會轉變為協調機制，形成持續的回饋循環，讓你知道自己當前的狀態是否符合此刻的情境。這種協調機制能賦予你控制權。

## 原因二：缺乏理解

當你堅持用自己的望遠鏡看世界時，麻煩就來了。儘管你再怎麼努力，試圖讓對方從你的角度來看問題，他們似乎愈是頑強抵抗。在典型的爭執中，我們總是希望對方改變他們的思維模式，而不是轉而改變自己。當雙方都沒有試著去理解對方時，就會出現以下這些傷人的話語。

「我不敢相信你會把票投給那個人。你怎麼會這麼愚蠢啊？」

「你就是搞不懂！」

「我以為我了解你。但我們好像說的是不同的語言。」

問題往往不是出自於看法或意見上的差異，而是在於無法理解**觀點**上的差異。當你試著理解他人為何抱持特定的看法，而不因為你們立場不同而批評對方的看法時，你才能開始欣賞他們的觀點。

值得慶幸的是，在溝通過程中，理解是一種可以學習的技能，也是一種必要的技能。面對衝突時，如果沒有能力欣賞對方的觀點，那麼就一點幫助也沒有，你們的關係走不了多遠。然而，一旦你擁有這項能力，就能建立深厚的關係並

成功延續下去。你不是經由「傳輸」來溝通，而是透過真正的「連結」來促成彼此的理解。

## 原因三：缺乏自信

對很多人來說，直言不諱是一件很困難的事。衝突會帶來恐懼或不適的感受。這種恐懼常見的表現為：將身體轉向另一側、避免眼神接觸或交叉雙臂。還有一種傾向是用話語來轉移焦點，使用軟化或掩蓋真實感受的表達方式。這些被動的表達方式讓你更拐彎抹角的展開對話，舉例如下。

「嗨，抱歉打擾你了。那個，我在想，如果不行的話，你可以直接告訴我，但是……。」

「……這就是為什麼我覺得這樣做可能會成功。這樣說得通嗎？」

「這可能是個蠢問題，不過……。」

缺乏自信不僅會損害你的自尊，也會扼殺你的個人成長。一旦你將自己的想法視為一種不便，你會發現自己開始逃避，躲開那些能讓你展現自己最好一面的互動。這也讓你無法為自己挺身而出，無法追求你想要的東西，像是追逐夢想、發展職涯、尋找愛情。

誠實的溝通需要自信，這種連結與自信能幫助你堅定的表達自己的需求，確保大家聽見你的心聲並尊重你的界線，你的頭號支持者正是你自己。

## 關於自信的重點提示

我們將在第七章深入探討自信的概念。但在各位繼續讀下去之前，有件事我必須現在就告訴你。當你在接下來的內容中看到「自信」這個字眼的時候，我要你在腦海裡記住一項特點。提到自信，你過去比較熟悉的概念或許是追求「完美」。但我希望你在未來的日子裡，將自信視為一種「風度」。

自信不代表你不害怕，而是代表即使你感到害怕，仍然願意去嘗試。

自信不代表你永遠是對的，而是代表你犯錯的時候，願意承認自己錯了。

自信不代表你逃避錯誤，而是代表你勇於接納錯誤。

我每天都會發現人們對於自信存在極大的誤解。我收到一則又一則的訊息，開頭都是「我希望」：我希望自己能這樣說；我希望自己能那樣說。人們提到自信時，往往將它視為一種與生俱來的特質，就像你的身高有多高，或是你和父母長得有多像一樣。人們將自信視為完美的標準。實際上，自信和這些特質差得遠了。你會明白的。我現在想告訴你的是，如果你讀到「自信」這個詞卻難以產生認同感，或者很難想像這個概念，那麼你就拿對書了。

## 本章小結

- 你如何處理下一次對話，可能幫助你建立連結，也可能破壞連結。
- 簡訊、訊息以及電子郵件中的誤解，凸顯出傳輸和連結之間的差別。
- 建立連結並不代表要在所有事情上達成一致或正向的結果。這是一個兩階段的過程，即使雙方意見不同，也能理解並承認對方的觀點。
- 缺乏覺察能力、理解以及自信會切斷你與對方的連結。本書的第二部將教各位如何運用簡單、實用的方法來克服這些問題，幫助你建立連結。

第二部
# 應用方法

　　追蹤我社群媒體帳號的人都知道，我不喜歡花言巧語。我不會用旁觀者的角度提供溝通建議，告訴你必須「積極傾聽」、「表現出同理心」或是「保持開放的態度」。我寧可把那些指示留給只會空談的「扶手椅上的哲學家」，因為這些方法儘管立意良善，卻效果不佳。而且這些指示到底要你做些什麼？你需要的是具體的建議，能夠立刻讓你運用在生活之中的建議。

　　這就是你接下來將讀到的內容。

　　我創造了一個函數，能夠**幫助各位**在下一次對話中建立連結。這對我的事務所客戶很有效，相信對你也同樣有效。這個函數很簡單。而且你們可能猜到了，它包含三個步驟：

掌控你的說話方式。

說話時要有自信。

說話是為了建立連結。

那究竟要「說」什麼？你的觀點；你的需求；你的真實想法。這三個步驟能讓獨一無二的你所具備的自我表達特質，自然而然引導你展現出堅定的語氣。你可能甚至從未聽過自己發出這樣的聲音，或是你感覺自己曾經聽過這樣的聲音。這是一件非常了不起的事情。

這三個輸入項遵循的是一種解決問題的認知方法，稱為「功能性思考」（functional thinking）。如果你覺得這個詞有點熟悉，可能是因為你在很久很久以前的數學課上見過。還記得代數嗎？是啊，我也忘得一乾二淨了。但如果你曾經碰過「求解 x」的題目，那麼你就使用過功能性思考。簡單來說，功能性思考就是觀察輸入項影響輸出項的規律。

先別急著放下書本。

即使你在數學課上打瞌睡，也知道什麼是函數。你

每天都在使用函數。你將咖啡粉放入咖啡機時，可以期待機器會為你煮咖啡。你按下溫度控制器上的降溫按鈕時，可以期待室內溫度會降低。你阿嬤家的祖傳蛋糕食譜？這也是一種函數。食譜包含一系列的指示，將原料（輸入項）轉化為蛋糕成品（輸出項）。你不會坐在那裡問自己為什麼那天用的蛋是雞蛋，你只知道如果按照食譜（函數）去做，就可以期待自己會做出阿嬤的蛋糕。

現在，我不能保證你會得到蛋糕。但我可以向你保證，如果你遵循函數的輸入項，輸出的結果會是一個更大膽、更堅定的你。只需要採用以改善溝通為目標的配方，你就能期待，下一次對話的控制權將回你的手中。

法則一
# 掌控你的說話方式

# 第四章

# 控制自己

　　下列敘述不是根據真實故事改編；但很有可能是實際發生過的事。

　　莉莉今年三歲。過去兩週以來，她一直抗拒準時上床睡覺。她不是在該睡覺的時候繼續醒著不去睡，就是好幾次從床上爬起來，拖了很久以後才終於睡著。

　　約翰今年三十三歲，是莉莉的爸爸。他認為每晚的作息要有彈性，如果莉莉還沒準備好睡覺，也可以在房間裡安安靜靜的玩三十分鐘，直到睏了為止，這樣做完全沒有問題。他喜歡莉莉能獨立自主，在疲倦時聽從自己身體的訊號。

　　過去兩週以來，約翰一直忍著緘口不語。

　　事情是這樣的，格蕾絲，也就是約翰的妻子、同時也是莉莉的媽媽，她認為應該要嚴格管理日常作息規劃。莉莉的睡覺時間是晚上八點，沒有例外。格蕾絲認為，作息一致、有規律是讓女兒晚上睡得安穩、隔天表現良好的關鍵。

　　過去兩週以來，格蕾絲一直在壓抑自己的怒氣。

　　現在是晚上八點，也就是莉莉的睡覺時間，晚間的戲碼

就此上演。

　　小寶貝莉莉完全不知道現在幾點，正在房間裡玩玩具。她看起來像是剛喝下兩杯濃縮咖啡；大家都知道她根本還不想睡覺。所以格蕾絲對她使出「那個眼神」的時候，莉莉先發制人。莉莉以每個孩子與生俱來的要脅招式瞪大眼睛，抱怨道：「但是我還不累。」

　　約翰知道這種慣例已經對他們所有人產生負面影響，但他也控制不了自己插手。格蕾絲走到走廊後，他告訴莉莉：「好吧，你可以再玩一下下。但是之後就該睡覺覺囉。」約翰走到客廳，希望格蕾絲沒聽到他說的話。

　　他一進到客廳，格蕾絲就說（聲音大了一點）：「我是怎麼跟你說的？不行就是不行。現在是睡覺時間。她累壞了。」她停頓了一下，朝著走廊那邊大喊：「不可以，莉莉，該把玩具收起來了，寶貝！該上床睡覺了。」

　　約翰回嘴（聲音大了一點）：「她不是機器人，格蕾絲。晚幾分鐘又不會怎樣。她又沒做錯什麼，是你控制欲太強了。」

## 每場爭論都會經歷兩個階段

　　老天啊。

　　讓我們暫時別去想格蕾絲、約翰和莉莉。我想即使你不

是為人父母,一定也有過這樣的感受。我們都曾在類似的情況下當過約翰或格蕾絲的角色;我們都曾對某人發過脾氣;我們都曾說過某些話,然後馬上就後悔。我們在互相比誰更糟糕的爭執中吵贏對方,代價卻是破壞了彼此的關係。

但是,事情不必如此發展。

你可以學習如何控制自己:你說的話、你的情緒以及你的身體,全都會影響到你們的對話。如此一來,激烈的討論就不至於爆炸。但是,你必須先了解溝通的真相,和你身體的運作機制。

**在每場爭論中,都會經歷點火階段和冷卻階段。**

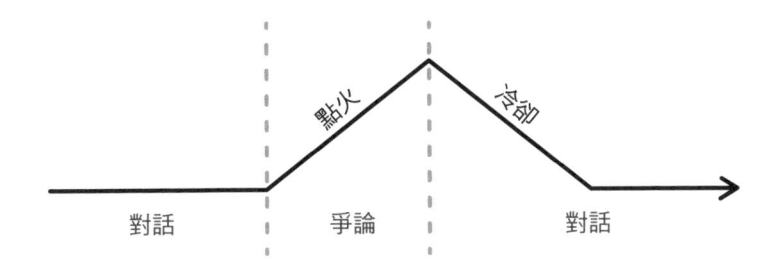

當雙方的摩擦累積到一定的程度,原本有建設性的對話演變成破壞性的對話,你們就此進入點火階段。互動過程中某些事激怒了你;你對某個詞感到反感;你不喜歡對方的語

氣;你討厭對方的眼神。在有限的時間當中衝突不斷累積,熱度逐漸升高。在你意識到之前,你已經怒火中燒了。

點火階段發生在你:

- 點燃火柴(感受到威脅)
- 燒掉保險絲(展現出防備心)
- 發動核戰(做出人身攻擊)

當你在對話中進入點火或升溫的狀況時,某種程度上,你會忘了自己是誰。心理學家或許會說你是「被情緒給淹沒」,感覺就像你暫時失去自我意識,吐出一些平常不會說的話。你發現自己很難釐清思緒或決定想說什麼,就像大腦被迷霧團團籠罩一樣。因此,你一想到什麼就說什麼,不管這些話聽起來怎麼樣、會造成什麼影響或是帶有什麼意思。

冷卻階段發生在熱度下降的時候,也就是下列時刻:

- 你關閉熱源(離開現場)
- 你撲滅火勢(互相理解)
- 燃料用盡了(陷入僵局)

無論你採取哪種方式,溫度都會停止攀升,逐漸冷卻下來。煙霧散去,挫折感也跟著消失。對話變得更加清晰而明

確。你意識到你們的關係有多麼重要,以及為什麼對方對你而言(是否)很重要。

當你的音量降低、語調聽起來更柔和時,你就知道自己冷靜下來了。你會更謹慎的選擇措辭。在對彼此說出「我很抱歉說出那句話」、「我不是那個意思」以後,你們或許會互相道歉,或者試著更清楚表明自己的意思。點火階段的對話往往聽起來更封閉,冷卻階段的對話則會聽起來更開放。你可能開始哭了起來;你可能會感到後悔。

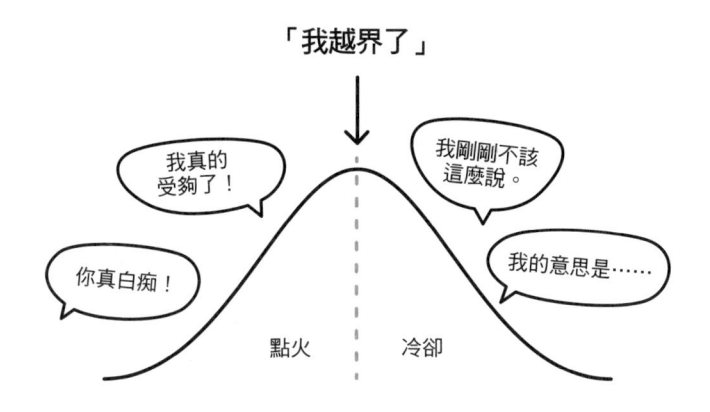

「我越界了」

我真的受夠了!

你真白痴!

我剛剛不該這麼說。

我的意思是……

點火　　冷卻

你只知道,自己感覺不太好。

愈激烈的爭論,需要的冷卻時間就愈長,就像關掉爐子後等待鑄鐵鍋變涼到不會燙手一樣。這是程度上的問題。

不幸的是,約翰和格蕾絲距離冷卻階段還很遠。

格蕾絲釋放出兩週以來的怒氣。「就是這樣！**這**就是她從來不聽話的原因！因為你**總是**在改變規則！我們之中有一個人**才是真正關心**她的健康。當她鬧脾氣的時候，要照顧她的人是我，而你卻可以去做任何自己想做的事！你一**直**都不在家。你到底懂什麼？」

如果時間能暫停在這一刻，掃視一下格蕾絲的身體,[1] 我們會發現以下的情況：

- 她的杏仁核（即大腦中處理情緒的部分）正在向她的神經系統大喊，告訴她威脅近在眼前：有人正在破壞她的權威。
- 她的身體釋放出腎上腺素，讓她啟動戰鬥或逃跑的模式。[2] 她感覺到一股刺痛感，讓她的語氣變得更帶刺。
- 她的瞳孔放大，容納更多光線進入眼睛，讓她可以集中注意力。
- 她的呼吸變得又快又淺，血氧濃度增加。
- 她的心跳加快，將血液輸送到她的身體、遠離不重要的部位，讓肌肉做好採取行動的準備。
- 她的肩膀、頸部和下巴變得緊繃。

最重要的是，她的前額葉皮質功能會受到抑制。這是大腦用於高階思考的區域，[3] 如理性思考、做決策與調節情緒。由於現在她的情緒完全掌控了一切，她把所有小心謹慎的想法都拋到九霄雲外。戰鬥或逃跑反應原本是用來幫助我們在野外逃跑，或是抵禦熊的攻擊，而不是用來討論子女的教養問題。在這個時刻，格蕾絲的戰鬥或逃跑模式一致支持她要戰鬥。

更糟糕的是，約翰的身體也在經歷同樣的升溫狀況。

他大喊：「我？哦，怎麼，你現在是說你是**唯**一關心她的人嗎？」他也加入戰鬥，而且在自己失控的同時，他點燃了毀滅性的保險絲，希望贏得這場戰鬥。「你想怎樣？想讓她落得像你瘋子老媽一樣的下場？或者更慘，像你一樣孤單寂寞、沒有一個真正的朋友？」

格蕾絲顯然被激怒了，她加倍奉還，雙方又吵了一輪。他們都卯足全力，繼續唇槍舌戰，兩人的身體都想要消除對方所代表的威脅。隨著爭論持續下去，格蕾絲和約翰都沒有真正意識到自己在說些什麼，因為真正的格蕾絲和約翰並沒有在溝通。他們的身體和大腦都在做出反應；持續點火。為了讓威脅消失，他們不擇手段。

更多時候，處於點火階段的人必須把自己燃燒殆盡，直到雙方都筋疲力盡，才會出現明顯的停頓。這短短的一瞬之間，就足以讓他們看見彼此造成的傷害。這時約翰從格蕾絲

的眼中看到了痛苦。他越過了底線。

冷卻階段已經來臨。

如果時間能暫停在這一刻,掃視一下約翰的身體,我們會發現以下的情形:

- 他感到身心俱疲。
- 他的神經逐漸放鬆。
- 他的視野擴大。
- 他的心跳和呼吸放慢。
- 他的前額葉皮質將客觀的分析注入他的思考。

經過反思,悔意隨之而來。

約翰一心想著:「我為什麼會那樣說?我怎麼會讓事情發展到這個地步?」

格蕾絲快要哭出來,她也在想同樣的問題:「我為什麼會那樣大爆炸?我為什麼要說那些話?我到底是怎麼了?」

就這樣,他們早就忘記兩人當初怎麼會吵起來,這時的莉莉正躺在她的臥室地板上睡得香甜。

## 你的身體如何控制你的反應

當對話變得愈來愈激烈,你的生理系統會優先做出反

應。你的「內部迴路」，也就是你的自律神經系統，其中包含了你的大腦、脊髓，以及兩者與身體其他部位之間的所有連結。

這個神經系統賦予你感知、官能、感受、情感、行為以及思考的能力。這個系統潛藏在你的意識之下運作，控制著你不由自主的行為，就像你的眼睛不需要你的指揮，就會在這一個頁面上逐字移動，或是你的大腦會在你的腦海中發出每一個字詞的聲音，與此同時，你仍然在呼吸、心臟持續跳動，耳朵聽著周遭的聲音。

要在衝突時好好控制自己，就必須了解自己身體裡正在發生的事。

比「點火階段」和「冷卻階段」更專業的術語，是衍生自你自律神經系統的兩種模式。你總是以其中一種模式來對當下的情況做出回應：

- **戰鬥或逃跑**：這個模式是由你的交感神經系統控制。
  - 戰鬥反應希望你做出攻擊：出拳揍人、說出傷人的字眼、堅持自己的立場。
  - 逃跑反應希望你逃避問題：離開現場、掛斷電話、不理會簡訊。

- **休息和消化**：這個模式是由你的副交感神經系統控制。

―休息反應希望你恢復原狀：退一步、暫停、喘口氣。
―消化反應希望你好好充電：儲存能量、補充燃料、平衡情緒。

　　正如你所猜測，戰鬥或逃跑模式是點火階段；休息和消化模式則是冷卻階段。通常來說，牽涉到個人活動或你獨自一人做的事情，像是寫電子郵件或吃一頓安靜的午餐，你不會注意到這些過程正在運作。一切都出自本能的反應。但是，如果有人加入，在需要溝通的情況下，內在的跡象就會變得更加容易辨認，尤其是在衝突產生的時候。

　　那麼這對你來說意味著什麼呢？

　　你或許沒有意識到，一旦**出現**相互矛盾的意見或爭論，就有可能啟動你的戰鬥或逃跑模式。為了保護你，你的身體會在幾秒鐘內協調數百個看不見的變化，導致生物反應傾向由情緒驅動行為，而不是由邏輯驅動行為。此時，由於連貫性思考受到抑制，你的情緒會以你習慣的方式表現出來：防備性的評論、諷刺的回應、憤怒的大吼、甩門、大聲的嘆息，或是沮喪的眼淚。

　　當你聽到壞消息、在打重要電話前緊張不已，甚至是收到意外的讚美時，你的大腦和全身上下都在做出細微的調整。這些情緒狀態的波動來自神經系統的直接反應，你的神經系統會不斷對你感知到、或周遭實際存在的威脅做出反

應。心跳加速、雙手顫抖、臉頰發紅等,都是你的身體在幾毫秒內處理資訊、決定如何做出最佳調整的表現。

有了這些知識,你就可以用不同的角度來看待對話。與其立刻責怪對方,你可以將自己的內部反應視為一種自然反應,需要進一步挖掘與探索。

衝突能提供改進的空間。因為**觸發你反應的事物會讓你學到新的一課**。

## 認識觸發你反應的誘因

「我們必須談談。」

當你讀到或聽到這句話時,第一個想法是什麼?

老實說,無論是在電子郵件上、簡訊中,或是和人面對面的情況下,**沒有人**喜歡收到這種訊息。為什麼?它讓你陷入未知。你的大腦告訴你出現了潛在的威脅,有些事情不對勁,這會觸發你的點火模式。你開始為最壞的情況做準備,這完全出自你的生物本能。

當你遇到不喜歡的事情時,無論是聽到、看到或感覺到這些事,你的身體可能將這種刺激視為威脅,也就是觸發反應的誘因。我所謂「觸發反應的誘因」指的是會引起你強烈負面反應的事物。[4] 這些誘因可能會以很多種形式出現,而且它們多半是受到你的個性和童年經歷所影響,[5] 所以千萬

不要因為你的誘因跟別人不同，就認為自己的誘因是錯誤的，或是不準確的。

整體而言，誘因可分為生理性和心理性兩種類型。

## 1. 生理性誘因

生理性誘因是最明顯會阻礙溝通的原因。這些誘因也最容易辨識，因為它們涉及直接的身體傷害，比如看到有人準備揮拳打你，或是具有攻擊性的動物朝你衝過來。生理性誘因涵蓋的範圍比較大，其中包含你對環境的反應，像是在懸崖邊健行時感到緊張，也包含身體發出的訊號，像是你身體不舒服、脫水或感到疲倦。

同樣的，當你與他人溝通時，你的身體會本能的察覺到影響你生理健康的潛在危險，[6] 這可能會觸發立即的防禦反應。想像一下，下列例子可能會讓你生理上感受到威脅：

- 你的父親或母親扯開嗓子或是用尖銳的語氣叫你聽話。
- 你的老闆在討論過程中站得離你太近，侵入你的個人空間。
- 在公司會議上，同事憤怒的用手指著你。
- 有人出其不意抓住你的手臂來引起你的注意。

無論是直接面對或感知到的生理性誘因，都會影響你的

安全感和健康狀態。這些誘因會激起你自我保護的本能，推翻你的邏輯思考能力。

## 2. 心理性誘因

心理性誘因是比較常見會破壞溝通的原因。這些誘因不涉及直接或未來可能的身體傷害，只是一些想法，可能是在當下感知到的念頭，或是對未來的預期。這些誘因會透過三種方式出現：社會評價、個人認同以及失落感。

**社會評價的誘因**

社會評價的誘因涉及對負面批評、拒絕或羞辱的恐懼。這些感知上的誘因是你每一天在面對社交互動時，對自己提出的問題：

- 如果我這樣說……
  他們會認為我很聰明嗎？
  他們會被冒犯嗎？
  他們會更想和我相處嗎？

- 如果我這樣做……
  會被認為很傲慢嗎？
  我會被批評嗎？

他們會更加注意我嗎？

- 如果我看起來像這樣⋯⋯
  我能融入群體嗎？
  他們會取笑我嗎？
  他們會認為我很成功嗎？

社會評價的誘因可以歸納為：你在意別人對你的看法。[7]我們都有一種根深蒂固的需求，希望得人喜愛與尊重、希望自己有吸引力。如果你曾經不得不拒絕邀請或傳達壞消息，或者曾因為錯失恐懼症（FOMO）而感到不安，就一定感受過這種誘因。這些評價都是來自於你對社會的貢獻，也就是他人對你的名聲所做的判斷。

在社會評價的情境中，經常出現的主題是脆弱感。

## 個人認同的誘因

社會評價關注的是別人如何看待你，而個人認同則是關注你如何看待自己。[8]你會將這些威脅視為在挑戰你的能力、自主性、使命或價值觀。[9]這些威脅會質疑你所相信的自己，以及你所代表的一切：

1. **能力誘因**：如果我失敗了，是不是代表我沒有能力做

好？如果他們糾正我，是不是表示我不夠好？例如：某個領域的專業人士在晚年重返職場，卻遭到經理質疑能力不足、跟不上時代，這導致他開始懷疑自己。

2. **自主性誘因**：是不是因為他們不信任我，才會管東管西？對於那些影響我的決策，我有任何發言權嗎？例如：經驗豐富的護理師或學校老師，突然收到新主管一連串的詳細指令，逐漸削弱他們的自主權。

3. **使命誘因**：我的工作真的重要嗎？我的工作會帶來任何改變嗎？我是否只是敷衍了事，沒有朝向任何真正的方向或目標前進？例如：曾經熱愛工作的華爾街高階主管在有了孩子之後，再也無法適應辦公室裡的粗俗談話，他正在努力尋找工作所代表的意義；他的職業身分現在與為人父母的新角色格格不入。

4. **價值觀誘因**：我的信念是否受到挑戰或不被尊重？我是否被迫在自我認同上做出妥協？例如：公司的新員工無意間聽到男性資深主管對女性實習生發表露骨的言論，覺得自己的價值觀受到衝擊，導致個人信念與職場生活之間難以協調。

這些情境都凸顯了一個事實，那就是對我們個人認同的威脅，會迫使我們去思考自己想成為什麼樣的人。

你也可能因為與你有關聯的人事物受到批評，而感覺自

己的身分受到挑戰。比方說,你聽到有人批評你最喜愛的政治候選人時,即使對方不是在批評你,你也會覺得受到挑戰,因為你的認同與那位候選人或政黨緊緊聯繫在一起。同樣的,你可以隨意說自己媽媽的壞話,但是一旦我說了她的壞話,你完全有權賞我一巴掌。為什麼?因為她幫助你定義了你的自我認同。

即使只是聽到「不」這個字,也會被視為對個人認同的威脅。每當有人拒絕你、懷疑你,或是說你做不到某件事的時候,你會有什麼感覺?你會更想去做。每當有人尖銳質問你為什麼的時候,你也會有同樣的感覺。你的大腦會想立刻回答:「因為我說了算,就是這樣!」別人質疑你的選擇或行動時,就可能對你產生威脅,因為這會讓你的自主性受到質疑。

在個人認同威脅的情境中,經常出現的主題是對自我能力的質疑。

**失落感的誘因**

失落感是指害怕失去所珍視的人事物,[10] 無論那是某個人、工作或某種地位。在溝通過程中,你經常會感到「失落」,因為害怕失去某段關係或某個身分地位。

假設你在工作中提出一項計畫,而老闆提出疑慮。你會反駁他,為自己辯護,表示自己比他更有見識嗎?或者你會

接受老闆的觀點,並歡迎他人提出更多的批評意見?這個情況所觸發的直接恐懼是你的計畫被拒絕,但潛在的恐懼是你可能會失去工作。

失落感所造成的心理威脅,可能會讓你在溝通時變得防備心很強,或是過度謹慎小心。你或許會過度解釋、遲遲不敢表達意見,甚至是完全避免艱難的對話。你可能會經常有這種感覺,因為預期失去的痛苦比直接面對的短暫不適感還要來得更強烈。

在失落感的情境中,經常出現的主題是分離。

只要掌握上述幾項誘因,你或許能夠看到它們是如何出現在自己的生活之中。如果你仍然難以判斷有哪些特定的誘因會觸發自己的反應,只要問問朋友就行了。這個問題可以很簡單,像是:「你認為觸發我的反應的誘因是什麼?」如果他們是你的好朋友,而且你富有幽默感,對方可能會毫不猶豫的告訴你真相。

現在你已經認識觸發自己反應的誘因。那麼你該如何利用這一點來改善自己的溝通方式呢?

能夠辨識出自己的身體在面對衝突時的起伏,將為你帶

來很大的優勢。你不僅能夠更深入的理解自己的反應,和觸發反應的誘因,還能開始辨認對方流露出的跡象。

你可以稱之為情緒智能(emotional intelligence,即EQ)。我更喜歡稱之為洞察力,也就是類似第六感的能力,能夠察覺到微小的細節。無論對方是提高音量、懊惱嘆氣、還是肩膀繃緊,這些行為都不值得我們生氣,而是**需要搜集的資訊**。這些資料能透露對方的情緒狀態。當對方提高音量時,你不必覺得生氣,只要從自己的生活經驗來理解,這是他們的身體正處於點火階段的跡象;這告訴你,他們的身體感受到了威脅,這些威脅可能來自於你,或是其他你所不知道的東西。與其為了「吵贏」對方而做出反應(如今你已經知道這麼做只會觸發更多的點火反應),你可以採用能觸發冷卻機制的方式來回應。這套方法將有助於你判斷對話時的狀態。透過了解自己,你就能更了解對方。

一旦你透過回推的方式尋找觸發自己反應的誘因,就會變得更擅長辨認出他人的誘因。當你聽到別人提高音量,也不會再將此視為攻擊,而能理解那是對方希望消除威脅的請求。如果你想平息對方的怒火,就要找到他們的誘因。

## 本章小結

- 觸發你反應的誘因會教你一些事情，前提是你必須願意學習。
- 在每場爭論中，都有點火階段和冷卻階段。
- 點火階段會出現戰鬥或逃跑的跡象，例如說出一些傷害別人的話，或是突然離開現場。
- 冷卻階段是從衝突降溫的時候開始，像是取得共識、互相諒解，或是與對方保持距離。
- 你必須了解這兩種主要的誘因：生理性誘因和心理性誘因。當你的身體實際遇到或感知到威脅，便會觸發這些誘因。了解哪些特定的誘因會觸發自己的反應，能夠告訴你哪些地方需要努力，哪些地方又應該避免。
- 一旦你透過回推的方式尋找觸發自己反應的誘因，就能更擅長辨認出他人的誘因。當你聽到別人提高音量，也不會再將此視為攻擊，而能理解那是對方希望消除威脅的請求。如果你想平息對方的怒火，就要找到觸發他們反應的誘因。

# 第五章
# 控制當下

在德州東部,我們有許多高聳的松樹。森林裡灌木叢生,你的視線只看得到前方幾公尺的範圍。成長過程中,我和朋友會開闢小徑、搭建棚屋、在小溪裡玩耍,假裝在參加某種生存冒險遊戲。我在森林裡留下許多美好的回憶。

在高樹環繞的地方生活,下雨天是我衷心喜愛的時刻。這裡不像平坦開闊的地方那樣,你無法看到暴風雨如何襲來。如果只靠眼睛觀察,直到暴風雨已經盤據在你的頭頂上,你根本不會知道它即將來臨。

你知道就要下雨了,因為你感覺得到。

一切都慢了下來。森林和動物都靜了下來。溫度下降,一縷微風穿越樹林,樹葉發出的沙沙聲響愈來愈接近。你可以感覺到皮膚上的涼意。空氣中充滿一股能量。你聞到雨水的氣息。

就在這一刻,這暴風雨來臨前的寧靜,大地瞬間靜止。你幾乎能觸摸到一種不斷累積的蠢蠢欲動,彷彿大自然正在等待適當的時機釋放風暴。

每次的爭吵都會出現像這樣充滿張力的靜默時刻。在衝突開始之前，情緒氛圍會有明顯的變化。也許是停頓的時間太長、語調有了微妙的**轉變**，或是冒出一個不適當的用詞。

你知道衝突即將到來，因為你感覺到了。

你可以感覺到自己或對方就要失去控制，就像雲霄飛車準備第一次向下俯衝的那個瞬間。

這就是你在爭吵中即將錯失的關鍵時刻，會走到這個地步的原因如下。你正在尋找能控制**對方**的東西，而不是尋找能控制**自己**的東西；你忙著計劃你的開場白；你太專注在準備責罵或訓斥對方；你錯過了引導爭論的機會，因為你把即將來臨的暴風雨視為戰鬥前的號角。但是，實際上，這個關鍵時刻可以讓你在每次爭論中取得優勢。

人們往往會錯過這個幽微的時刻，因為他們並沒有留心注意它。所以，你可以在爭論開始之前，就先掌握無形的優勢。暴風雨來臨前的寧靜時刻，正是你控制全局的絕佳時機。因此，別忙著準備應付對方，而白白浪費了**機會**，你應該好好為自己做好準備。

在前一章中，我說明身體在激烈的爭吵中如何運作。你的下一步是要準備好工具，**充分利用**身體原本就具備的能力。這些工具只需要使用一會兒，就能提供長久的好處。而且，你愈常使用這些策略，就能擁有愈多的優勢。

為了在最混亂的對話中也能冷靜自持，我開發了三項有

效工具如下：

- 以呼吸作為開場白。
- 以快速掃描作為思考的前奏。
- 以簡短的精神喊話作為對話的起點。

就像你無法阻止天要下雨一樣，你往往無法阻止對話中出現的爭吵。但是，只要運用這三項快速而有效的策略，你可以不僅僅是被動承受爭吵，而是可以開始避免爭吵進入點火階段，並且完全掌控結果。

## 以呼吸作為開場白

不久之前，我陪同伊莉莎白（Elizabeth）出席人身傷害案件的庭外口頭取證會。對方的律師是出了名的喜歡激怒他人，就連我都不放過。根據過去跟他交手的經驗，我很清楚他的策略：打擊伊莉莎白的信譽。如果他能讓她說話變得結結巴巴、說錯話，或是迫使她發洩負面情緒，她就會變得更容易受到控制。如此一來，他對這起案子的結果就握有更大的影響力。

由於我清楚他的做法，便花了數小時與伊莉莎白一起準備口頭取證的流程。為了訓練她，我改變說話的語氣，模仿

起對造律師。我快速提出問題，迫使她更快做出回應。

我用粗魯、急促的聲音提問：「所以，你有時間去查看另一輛車，對吧？」

伊莉莎白茫然的看著我。

我假裝惱怒的說：「拜託，卡森太太。」然後我提高音量：「這個問題很簡單。有還是沒有？你有時間嗎？」

在我的施壓之下，她整個人僵住了，就像鹿看到車頭燈就停住不動一樣，這是點火階段的另一個徵狀。她很緊張；她的聲音在顫抖，眼眶含著淚水，這些都是完全自然的身體反應。在我解釋過為什麼她的身體會對這種侵略性的行為作出反應後，接著介紹了一個概念，這個概念後來成為她最常使用的工具。

以呼吸作為開場白。

我這樣跟她解釋：每當你要開始說一個句子之前，讓你的**呼吸**作為你的**開場白**。也就是說，在你說任何話之前，先呼吸一口氣。

強迫自己把呼吸想像成一個單字，將呼吸視為對話的一部分，你就能漸漸學會控制呼吸。在調節你的身體和情緒過程，呼吸控制扮演相當重要的角色。將呼吸放在首位能讓你從一開始就掌控當下的局面。前兩秒是最關鍵的時刻，因為它們可以阻止點火階段的能量持續累積。

「呼吸法」、「呼吸控制」以及「控制呼吸」等看似花俏

的詞彙，指的都是將意念放在你呼吸的方式上。舉例來說，讀到這裡，你的呼吸可能都很正常。你很少注意有多少空氣從肺部進出。但如果我要你吸一口氣並屏氣五秒鐘，接著吐氣，那麼恭喜你！你已經開始學著控制呼吸，也就是將注意力集中在空氣在你體內的流動。

現在，跟我一起深呼吸，想想上一次讓你感到焦慮的對話。你還記得自己當時的呼吸狀況嗎？在爭吵時，你的呼吸通常會呈現兩種狀態：加速呼吸或屏住呼吸。[1] 這兩種情況都不好。

當你的呼吸加速，代表你已經啟動點火階段。你需要更頻繁呼吸來滿足肌肉所需的大量氧氣，讓你準備開始逃跑或是發動攻擊。你呼吸得愈快，心臟愈需要更快將血液輸送到全身上下，確保你有足夠的氧氣活下去，這進而導致你的心跳加速。當你呼吸急促時，生理上維持正常思考與說話的能力都會受到影響。

當你屏住呼吸，會感覺自己快要窒息或溺斃。從某個層面來看，你確實快要沒氣了。急促的呼吸會導致你體內的氧氣過多，而呼吸減弱或是沒有呼吸則會導致二氧化碳過多，因為你無法排出氣體。因此，屏住呼吸或呼吸太淺都對人體有害。隨著對話愈來愈緊張，你的認知能力也跟著下降。

為了避免這些問題，你必須平衡自己的呼吸。

現在，讓我們回去看伊莉莎白的例子。

在庭外口頭取證當天，伊莉莎白一開始表現得很好。她說話的速度很慢，語氣平穩。但是，過了一會兒，我看出她逐漸失去信心。她的聲音開始顫抖，回應的速度加快，而且明顯被惹惱了。她開始展現出防備心；她正在失去控制。

　　但就在這個時候，神奇的事情發生了。

　　正當我準備打斷訊問並要求休息五分鐘時，她辦到了。

　　對造律師向前傾身，開始咄咄逼人：「要我說啊，你那天根本沒注意聽，對吧？**我說的沒錯吧？**」

　　伊莉莎白深吸一氣，放低肩膀，花了半秒鐘的時間控制自己，才冷靜的說：「不是。」就在此時，我察覺到對造律師不知道的事情：在回答「不是」**之前**，她還做了一件事。她用呼吸當作她的開場白。她利用一問一答之間的空檔來穩定情緒，重新掌控了對話。

　　「怎麼了？你不喜歡我的問題嗎？」對方律師揶揄道。

　　神態自若、充滿自信的伊莉莎白微笑搖頭。「哦，不，我很喜歡你的問題。」她緩緩說道。聽到這句話，對方律師困惑的歪著頭。「我很感謝你給我機會澄清，」她繼續說：「但還是那句話，答案是否定的。你的說法並不正確。」

　　對方律師驚訝的張大嘴，灰心洩氣，接著支支吾吾的試著提出下一個問題。他發現伊莉莎白不會給他想要的反應，便問了幾個無關痛癢的問題，取證過程很快就結束了。

　　我對她露出微笑。

她無法控制對方會問什麼問題,所以她決定控制自己。

## 如何利用對話式呼吸

以呼吸作為開場白的做法,我稱之為「對話式呼吸」(conversational breath)。

用「對話式」這個詞來描述,是因為使用者可以在對話過程中自然而然使用這套做法。如果做得好,看起來就像正常的呼吸一樣。你可以在任何時候使用這項技巧,對方也不會覺得很奇怪。不過,使用對話式呼吸的最佳時機,是對方正在說話而你在聆聽的時候,或者在你回應對方前不久。

利用對話式呼吸的方法如下:

1. 用鼻子緩慢吸氣兩秒。
2. 吸飽氣之後,再用鼻子快速吸氣一秒。現在吸氣的時間總共為三秒鐘。
3. 用鼻子吐氣六秒,確保吐氣時間是吸氣時間的兩倍。
4. 在對話過程中重複這三個步驟至少兩次,也可視需求增加次數。

對話式呼吸善用了幾項不同的好處,不僅有科學研究為根基,也適用在最緊張情況下幫助你掌控呼吸。對話式呼吸

還結合了下列三個經過證實的因素。讓你可以藉此得到和緩、控制得當的呼吸規律，你還能重複這個模式，讓自己保持冷靜與專注。

當你以呼吸作為你的開場白時，請試著像這樣呼吸：

## 1. 放慢速度、用鼻子呼吸

當你用嘴巴呼吸時，氣流不會遇到阻力，每分鐘會吸入和吐出更多空氣。因此，你的呼吸速度會加快。如你所知，呼吸加快是進入點火階段的訊號。如果不加以控制，用嘴巴呼吸可能會讓你陷入輕度焦慮和壓力的狀態。

另一方面，用鼻子呼吸會遇到更大的空氣阻力。現在，請各位幫我一個忙：試試以下實驗。先吸一大口氣，然後正常的透過嘴巴吐氣。接著再吸一口氣，讓嘴唇快要碰在一起，就像是要吹口哨那樣吐氣。完成了嗎？在第二次呼吸時，因為你嘴巴張得比較小，吐氣的速度自然慢得多。而你的鼻道當然比你的嘴巴窄得多，所以你的鼻子自然會呼吸得更慢、更深層。鼻道的結構本來就是為了過濾、加溫並加濕你吸入的空氣。[2]

用鼻子呼吸也會讓你的橫隔膜將氣流送到肺部深處，讓你的呼吸變得更飽滿。當你的呼吸更飽滿，每分鐘的呼吸次數減少，進而得以避免產生點火的跡象。

現在，你的體內已經充滿了氧氣，接著讓我們有意識的

把空氣排出。

## 2. 想保持冷靜，吐氣要長

　　2023 年，史丹佛醫學院的研究證實，一項稱為「生理性嘆息」（physiological sigh）³ 的呼吸技巧能帶來強大的好處，還被視為能極快速、即時消除壓力。這項技巧包含在正常的呼吸中加入經過控制、刻意吐出的**嘆息**。這個過程先從吸兩口氣開始，第一次先用鼻子正常吸氣，接著是第二次快速的吸氣，最後用嘴巴吐出長長的一口氣。

　　吐氣的時間應該長達吸氣時間的兩倍左右。兩次吸氣可以讓肺部完全膨脹，而長長的吐氣則是模仿你在大聲嘆息時可能發出的「啊」聲。這種延長吐氣的方法有助於降低血壓，並減輕身體的壓力。吐氣時間拉長還能確保你下一次吸入的都是氧氣，而且二氧化碳的水準得到適當的調節。

　　與其他兩種呼吸技巧相比，生理性嘆息降低焦慮程度、改善情緒狀態，以及降低呼吸速率的表現都是最佳。要獲得這些好處，你必須確保吐氣時間延長，最好長達吸氣時間兩倍的程度。

　　現在你已經完整的呼吸過後了，應該會感到更冷靜、更能控制自己。不過，還有一個關鍵的步驟，可以控制你在呼吸後所說的話。

## 3. 想清空思緒，呼吸要有節奏

如果你認為呼吸與控制**言語**衝突之間沒什麼關係，不妨看看對於那些在最極端的**肢體**衝突中、仍能順利掌握呼吸的人而言，呼吸代表著什麼意思。美國海豹部隊（the Navy SEALs）認為有韻律的呼吸方式對執行任務而言非常重要，他們甚至還接受過所謂「戰術性呼吸法」（tactical breathing）[4]的特殊訓練。在戰鬥當中，腎上腺素湧入會提高人的心率。這種轉變將導致身體內部出現變化，運動技能迅速退化，而這些技能可能是生死存亡的關鍵。

為了控制這種反應，士兵通常會採用有韻律的呼吸方式，也就是在吸氣和吐氣之間維持固定的計數模式。舉例來說，盒式呼吸法（box breathing）[5]就是一種有韻律的呼吸方式，你吸氣、屏氣、吐氣、再屏氣，每個動作持續四秒鐘。這個方法能喚起呼吸的意念並形成規律。

有韻律的呼吸方式的好處是能降低心率，讓士兵可以集中精神。[6]這也是為什麼軍人在跑步時，會用有節奏的方式喊著「一、二、三、四」的口號。邊跑邊報數可以讓他們的步伐維持一致，更重要的是，讓他們的呼吸同步。像這樣重複的模式不僅有助於將二氧化碳排出肺部，穩定的節奏還能防止過度換氣或呼吸不規律的問題。

軍事人員、執法人員、急救人員、拳擊手、戰鬥機飛行員，以及武術家都經常面臨高壓衝突，在這種情況下，控制

呼吸對於高效能的表現和生存來說都是不可或缺的。如果控制呼吸對他們來說很重要，那麼對你而言也同樣重要。

採用對話式呼吸，就可以充分利用有意識的呼吸帶來的好處。這種呼吸法能為你的下一步奠定基礎，讓你更好控制自己的身體和反應。

## 以快速掃描作為思考的前奏

房間裡光線昏暗，氛圍沉靜，聞起來就像我媽的精油擴散器。我和法學院的同學安靜下來之後，瑜珈老師告訴我們，先從簡短的冥想開始。我眉毛一挑，心想：你是在說「冥想」嗎？那種「發出吟唱的冥想」？我從來沒有做過瑜珈，也從未冥想過。在德州的小城鎮裡，冥想並不流行。

我們坐在瑜珈墊上，閉上眼睛，專心深呼吸。這聽起來很容易，我辦得到。在吸氣吐氣幾分鐘後，我們開始進行老師所說的「身體掃描」（body scan）。他要我們閉上眼睛，在心裡掃描自己的身體，從腳開始，慢慢向上移動到頭頂。

我試著按照老師的指示去做，但只有覺得自己非常蠢。也許我根本做錯了？

我睜開一隻眼睛環顧整個房間，其他人似乎都進行得很順利。那一刻，我聽到老師叮囑我們必須好好靜下來，才能聆聽自己身體的聲音。老實說，我甚至不確定自己知不知道

那是什麼意思。我再次閉上雙眼。嘗試著重新集中精神，再次深呼吸，讓腦中的思緒平靜下來，尋找某種感覺。

我等待著。

令我驚訝的是，在我緩慢向上掃瞄時，注意到身體內有一些以前從未察覺過的感受。像是臉部和耳後的緊張感、聳起的肩膀、緊繃的下巴，還有淺而不均勻的呼吸。我以前怎麼會沒有注意到這些？

我的身體一直承受著這些壓力，而我竟然不知道。

我迅速調整身體，開始放鬆臉部和肩膀的肌肉。我試著深呼吸，充分利用肺部的所有容量。我聽到老師要我們為第一個感受到的情緒貼上標籤。「壓力」這個詞立刻浮現在我的腦海裡。

瞬間，我感到如釋重負。但不僅如此，我感覺到掌控權握在自己手中。即使面臨即將到來的考試，我也立刻感覺到更輕鬆，不再那麼焦慮。

課程結束後，我證明了自己的柔軟度奇差無比，但身體掃描的概念深深烙印在我的腦海中。我更常去上瑜珈課，變得愈來愈擅長身體掃描。我對自己的壓力愈來愈有興趣，十分好奇它們是如何偷偷隱藏起來的。尋找壓力的過程變成了一種遊戲，每次我做完身體掃描，都感覺比之前還要好。

後來我做身體掃描的速度愈來愈快。我可以在吸飽氣時短暫閉上眼睛，進行全身的身體掃描，接著在吐氣時睜開眼

睛。因為我的身體能用更快的速度告訴我壓力藏在哪裡，我就能更快找到它們並處理它們。為情緒貼上標籤的過程也變得更容易。從前在瑜珈教室需要五分鐘的時間練習，現在只需要兩秒鐘就能迅速調整自己。

我將這種做法稱為「快速掃描」，並且開始在不同的環境中嘗試這麼做，像是在課堂上和考試時：**擔憂**。在等紅燈時：**不耐煩**。在雙層公寓的廚房桌旁讀書時：**不知所措**。每當面臨緊張的時刻，進行快速掃描就能化解它。

我很快發現，如果能在艱難的對話前，或是在對話期間進行快速掃描，不僅對話會變得更順利，對方甚至不會察覺到。我發現，我更能控制自己的反應了。能夠調整並感受身體的感覺和訊息，徹底改變我的溝通方式。每當身體在爭執或衝突時感受到觸發反應的誘因，我就會訓練自己用快速掃瞄來釋放壓力，保持鎮定。

這感覺就像身在水底卻有源源不絕的氧氣供應一樣，我從來不覺得自己需要浮上水面換氣。更重要的是，我的快速掃描技巧能幫助我引導思緒，重新調整到符合特定對話所需的目標和價值觀。

## 如何進行快速掃描

這同樣包含四個步驟的流程。但是你練習得愈多，就愈容易忘記這些步驟的存在，這套流程會自然成為你的習性。

1. **呼吸**：以對話式呼吸開始。當你吸氣時，專注於讓氣流擴張到腹部，就好像有一條繩子連接著你的肚臍並向外拉動。
2. **閉眼**：吸飽氣的那一刻，你的肺部充滿空氣，這時閉眼約一到兩秒。從外表看來這就像是一次時間比較長的眨眼。
3. **檢視**：吐氣的時候，留意身體內壓力潛伏的位置。你覺得哪裡不適或感到緊繃？將你的長吐氣引導到身體的那個部位，釋放緊張感。過程中你的眼睛應該都是睜開著。
4. **為情緒貼標籤**：在腦海中說出你當下的感受。為它命名。如果可以，只用一個詞彙描述。答案沒有對錯之分，這應該完全屬於本能反應。

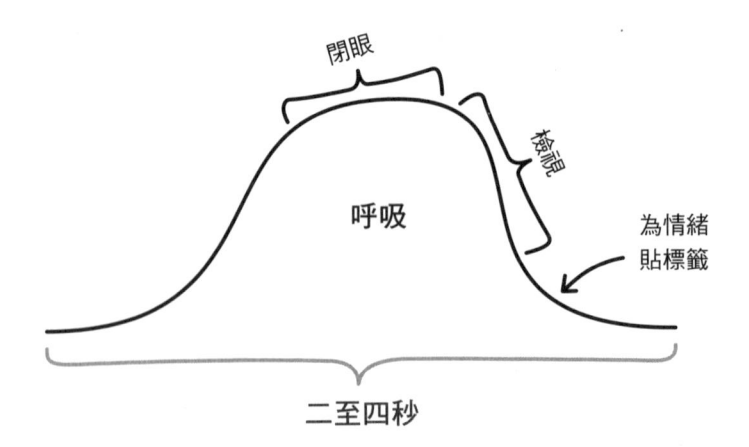

快速掃描有兩個重點:

- 快速掃描結合了對話式呼吸,因此能夠提升你在當下清晰思考的能力。
- 快速掃描也能讓你掌控自己的情緒。

一旦你習慣進行快速掃描,感覺就會像是在運動時小口喝水來補充水分一樣。你可以藉此維持專注和活力。這是小小的正念練習,能夠幫助你專注在自己身上,增進自我覺察的能力。除此之外,提升身體的覺察能力也可以促進情緒調節,讓你學會觀察自己的感受,而不會被情緒淹沒。

當你做得愈來愈上手,就可以將快速掃描融入真正的對話之中。「我能感覺到⋯⋯」的說法是將步驟四當中標記的情緒轉化為口頭溝通的關鍵,像是你可以將「我很憤怒」的內在標籤,轉化為「我能感覺到自己正在經歷憤怒的感受」。與其把情緒憋在心裡、任由壓力持續累積,最終導致自己進入點火階段,還不如用「我能感覺到⋯⋯」來表達,這能讓你把這些感受釋放出來。舉例來說,如果你仍然感到憤怒,可以大聲說出:「我能感覺到自己很生氣。」此外,你還可以這麼說:

- 不太開心時:「我能感覺到自己心情不太好。我們能

晚點再聊嗎？」
- 受到威脅時：「我能感覺到自己現在覺得很有壓力。我需要一些時間來增加安全感。」
- 覺得沮喪時：「我能感覺到自己很沮喪。我需要暫停一下。」
- 感覺焦慮時：「我能感覺到自己在情緒上還沒有為這次的對話做好準備。」
- 感到不安時：「我很感謝這次的對話。我能感覺到自己還有很多事情需要處理。」
- 不知所措時：「我能感覺到自己現在感覺不知所措。我們能一步一步來嗎？」
- 覺得困惑時：「我能感覺到自己仍然不太清楚你所說的話。能換個方式告訴我嗎？」
- 感到緊張時：「我能感覺到自己對這項決定感到有點緊張。我需要再檢查一次細節。」
- 覺得傷心時：「我能感覺到自己有點憂鬱。我現在需要一些獨處的時間。」
- 感到疲憊時：「我能感覺到自己現在狀態不佳。我需要休息過後再回來討論這個問題。」

口頭承認你在進行快速掃描時發現的感受，就能清楚了解發生在自己身上的事情，以及自己當前的情緒狀態；同樣

的，這將讓你更有覺察力。透過開放、直接的態度明確表達你的需求，對話過程將變得更坦率、誠實。

快速掃描是掌握自身狀態、理解自己不同層面感受的絕佳方式。如果你進一步將掃描結果表達出來，就能將不安全感轉化為自信和力量。

當你勇於承認自己的感受時，就有了駕馭它的力量。

在短短幾秒鐘內，你已經採取對話式呼吸、進行了快速掃描。你只需再一秒鐘就能完成最後一步，這一步將賜予你勇氣，說出你需要說的話。

## 以簡短的精神喊話作為對話的起點

在我以年輕律師的身分第一次出席庭審之前，對造律師就把我嚇得半死。他很有禮貌，人也很好，但他擁有三十多年的經驗。他知道自己很厲害；雖然我對自己的辯護技巧有信心，但在言詞辯論的第一天，我卻很難維持清晰的思緒。我很緊張，說話時表現得很急迫。在交互詰問時，我把注意力放在自己接下來要說的話，而不是好好利用這段期間，聆聽證人提供的有用資訊。

我很懊惱，因為我很清楚自己當下在做什麼，卻沒有停下來喘口氣、整理思緒，也沒有讓覺察能力來引導我，我完全無法控制當下的局面。

開車回家的路上，我大聲自言自語，回想這一天經歷的高潮與低潮。我一邊這麼做，一邊開始緊緊抓住某些令我印象深刻的短句。我不斷重複這些話。

「你是傑佛森。」

「要等待適當的時機。」

「讓事實為我們揭開真相。」

以上是我稱為「簡短的精神喊話」的例子。這些短句提醒我要做自己、等待證人證詞中的弱點、讓事實說話，而不是試圖做太多事情。隔天早上，我把這些短句記在黃色記事本上。當我進行簡短的精神喊話時，我在法庭上的表現和態度出現了天壤之別。我的不安情緒減緩，變得對自己更有把握。我不再感到急躁；我不再覺得自己跟不上節奏。

即使到了現在，每次開庭前，我總會在黃色記事本上寫下簡短的精神喊話。

心態始於措辭。當你開口說話，你的措辭不僅會影響對方，也會影響你自己。根據神經科學和心理學的最新研究，你的語言，也就是你用來形塑想法的實際詞彙，會顯著影響你的情緒和心態，最終影響你的現實。[7]

為了協助客戶建立自信，我鼓勵他們採取簡短的精神喊話；這些句子也就是你跟自己的簡短對話。找到一組能賦予你力量的句子，當你覺得失去平衡時，它們可以幫助你重回正軌，就像是對自己的正面肯定。不同的是，正面的肯定通

謹慎選擇你的措辭 →

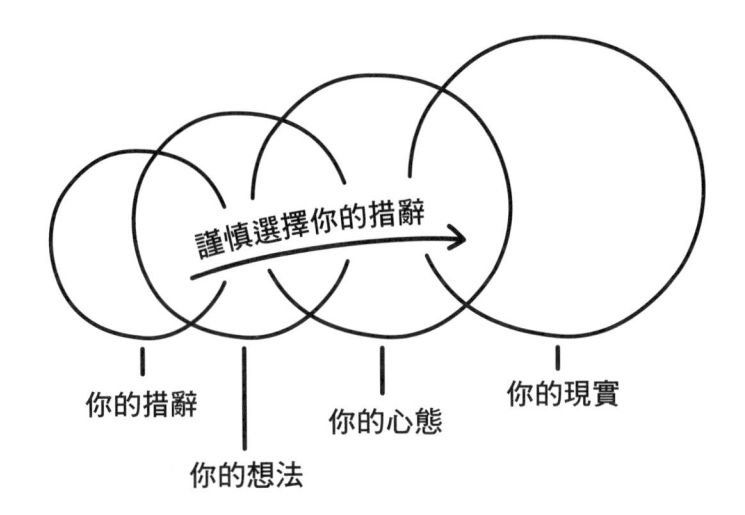

你的措辭　你的想法　你的心態　你的現實

常包含抽象的自我認同或自我賦權宣言，例如「我是被愛著的」或「我就是最好的我」，但簡短的精神喊話則更具體，且與個人的狀態息息相關，例如：「從控制呼吸開始。」

　　簡短的精神喊話是強大的記憶工具，能讓你與自己想要的心態連結起來，例如變得更有自信、避免築起防備心態，或提醒自己別為小事煩惱。你可以將簡短的精神喊話當作比賽前對自己的鼓勵，讓你在上場前就策劃好戰略。

**如何打造自己的簡短精神喊話**

　　要打造自己的簡短精神喊話比你想像得還要容易。不過，你仍然需要遵守一些準則。

## 將精神喊話與目標相結合

在第二章中,你學會在進行艱難的對話之前,必須先了解自己的目標和對話的價值觀。當你將個人目標與你的精神喊話結合起來時,你就更有可能達到自己希望在對話互動中獲得的結果。

這個方法能協助你確保對話的走向。如果你的目標是變得有自信,那就依此打造自己的精神喊話,提醒自己要自信的說出想法和意見,像是:「勇敢表達。」同理,如果你的目標是在不爭吵的情況下完成對話,就制訂出能強化這項結果的精神喊話,像是:「尋求理解。」用這句話鼓勵自己積極傾聽對方、抱持同理心,著重於了解對方的觀點,避免捲入衝突之中。

這些以目標為導向的精神喊話,就像是給自己的個人提示或提詞,提醒你在對話中促成自己希望達成的結果,且言行舉止都要符合整體目標。簡短的精神喊話能幫助你維持專注、確立方向,尤其是在容易被情緒或對立意見轉移注意力的時刻,更能有效發揮作用。

## 以動詞造句

與其用「我很堅強」或「我的感受無法定義我是誰」等表達身分認同的普遍想法,不如用動詞來為你的精神喊話造句。動詞能為言語注入行動,創造積極的心態,例如「站出

來」或「好好感受，別執著」。

當你使用動詞造句，你的精神喊話就會變得更明確、更實際。動詞會促使你採取行動或改變作為，將被動的思考轉化為主動的參與。例如，「我相信的真理是有價值的」等肯定句屬於被動的心態；而「說出我相信的真理」則會督促你立即採取行動，勇敢表達自己的想法和信念。同樣的，像是「迎接難題」這樣的語句會賦予你前進的力量，培養韌性，讓你準備好正面迎接挑戰。如果我在與鮑比・拉普雷對話之前要設定一句簡短的精神喊話，那應該會是「看見對方掙扎的癥結」。

這些動詞引導的短句，就像是在提示你採取特定的行為，不僅鼓勵你以不同的方式思考，更鞭策你以不同的方式**行動**。這些話語會創造一種即時性和緊迫感，讓簡短的精神喊話成為有效的工具，敦促你立刻做出改變並提升自我。

### 用詞精簡、為自己量身打造

請記住，你對自己的精神喊話不會被貼在廣告看板上。這些句子不需要引起任何人共鳴，更不需要與你以外的人分享。通常來說，最棒的精神喊話能緊扣著你希望在當下回憶或體現的個人經驗和往事。

舉例來說，我曾經有一位客戶，她希望能提醒自己在工作時用堅定的態度表達個人看法。那麼她如何對自己精神喊

話呢？

「儘管告訴他們，朵莉絲」。

這句話是她祖父在她祖母激動談起自己熱愛的話題時，總會對祖母說的俏皮話。對我的客戶來說，這句簡單的話蘊含豐富的個人意義和鼓舞她的力量。每每能讓她想起祖母的堅強和堅定，激勵她傳達出同樣的能量。

這個絕佳的例子說明了，在自我懷疑或猶豫的時刻，深植於個人經驗的短短幾句話，能夠成為強而有力的定心丸。簡短的精神喊話不只是說說而已，更像是一種鼓勵與強化韌性的力量，能夠對個人產生獨特的迴響。

要改善自己的心態，得先從更謹慎的選擇你的用字遣詞開始。你必須選擇以正向的態度善待自己的言語，以及能幫助你實現目標的言語。無論過去的經歷如何阻礙你，你都要選擇能促使你向前邁進的言語。

舉例來說，假如你對自己的精神喊話是「堅守立場」。一旦懷抱這種心態，在意見出現分歧的情況下，你會受到鼓勵，而選擇以正面的方式賦予你自主權的用詞，而不是讓你感到沮喪或挫敗的用詞。這兩種用詞的差異對照如下所列：

- 負面用詞：「你簡直不可理喻。」
- 正面用詞：（堅守立場）「我在意的是解決方案。如果沒有解決方案，請現在就告訴我。」

- 負面用詞：「我應付不了這個問題。」
- 正面用詞：（堅守立場）「我會另外找時間處理這個問題。」

- 負面用詞：「繼續嘗試也沒有意義。」
- 正面用詞：（堅守立場）「我不打算與你爭論這件事。」

請留意正面用詞的版本，觀察它們如何引導你選擇尊重自己和維持自尊的用詞。花點心思來打造屬於你的簡短精神喊話。別忘了，你的精神喊話要與目標相結合、以動詞造句，並選擇具有個人意義的話語。為了激發你的靈感，下列是我的客戶成功使用過的幾句精神喊話：

| 自信 | 「抬頭挺胸。」<br>「無論如何都要發光發亮。」 |
|---|---|
| 堅定 | 「為自己站出來。」<br>「別讓衝突惡化，要表達清楚。」 |
| 自我防備 | 「卸下防備，（自己的名字）。」<br>「放下過去，挺身前進。」 |
| 清晰 | 「吸氣，吐氣。」<br>「找到問題的核心。」 |
| 冷靜 | 「放慢腳步，（自己的名字）。」<br>「使用你的定心丸。」 |

你無法控制其他人，但你可以控制當下。只需要善用對話開始前的那一瞬間。這或許是對話中最強大的時刻，但多數人甚至不知道它的存在。你可以好好利用這一點，採取對話式呼吸，快速掃瞄你的身體，並且對自己進行簡短的精神喊話。這麼一來，對話的結果或許會讓你驚訝不已。

## 本章小結

- 我交給你三項工具,讓你能好好控制自己的溝通方式:對話式呼吸、快速掃描,以及簡短的精神喊話。
- 對話式呼吸能讓你享受緩慢、控制得當的呼吸所帶來的好處,幫助你在爭論過程中保持頭腦清晰。首先從鼻子吸氣開始,然後再一次快速吸氣,最後吐出一口更長的氣,維持節奏並重複這個流程。
- 快速掃描你的身體和心理狀態,有助於釋放緊張情緒,保持冷靜和專注。從對話式呼吸開始,閉上眼睛,檢視自己的壓力潛伏在身體的哪個部位,然後為你的感受貼上標籤。
- 簡短的精神喊話能賦予你一種心態,讓你更容易控制自己的反應。首先,你要用能督促自己展開行動的動詞造句,例如「選擇」或「站出來」,由此打造對你有意義並符合個人價值觀的短句。
- 這三種工具都能幫助你在衝突中控制自己,避免在不知不覺中進入點火階段。

# 第六章
# 控制節奏

「先生,你知道意外發生時,你的車速大約⋯⋯。」

「大概是每小時 65 公里。」我的客戶查克打斷道。

「⋯⋯多少嗎?」對造律師講完這個句子的同時,語氣中帶著一絲得意。「我必須請你讓我把問題說完之後再回答,好嗎?」

「好的。」查克同意了。

「你知道意外發生時,你的車速大約多⋯⋯。」

「大約每小時 65 公里。」查克再次插話。

對造律師再次請他先等一等,讓她問完問題。我開始有點擔心。律師希望你快速回答他們的問題,因為這代表你沒有好好思考過答案。你會變得更容易受人控制,你說的話也更容易遭到曲解。

但查克很清楚這一點。我們已經事先討論過,在回答之前,必須先等對造律師說完句子,以便讓完整的問題記錄在案,這些都是我們為查克的庭外口頭取證流程所做的準備。但查克開始加快節奏,我必須讓他冷靜下來。在下一次問答

結束後，我要求稍事休息，到走廊上和查克聊聊。

我們走出房間時，我用手上的黃色記事本指了指角落的幾張椅子。「我們去那邊坐吧。」我說。

「好的。」他幾乎是喘著氣的回答。

我們坐下後，我若無其事問道：「對了，你這個週末打算做什麼？有什麼計畫嗎？」

他一臉疑惑。「蛤？」

「這個週末，」我重複道，同時拆開一顆薄荷糖。「你們家有什麼安排？」

「哦，呃，我不確定，讓我想想。」在思考時，他漸漸沉靜了下來。我看見他的肩膀放低，呼吸也變慢了。過了七秒鐘左右，他回答：「我們要帶孩子去看電影，就是裡面有會說話的動物那部。」

「剛上映的那部？」我問道。

他又頓了一下。「對，就是那部。」

「我想一定會很有趣。」我說。「他們幾歲了？」

「一個五歲，一個七歲，」他笑著說，現在放鬆許多。調整成功。

「正是很棒的年紀耶，」我才剛坐下又站了起來，他也跟著站起來。「聽我說，」我告訴他，「當你回到裡面時，我要你把每個問題都當作她在問你這個週末要做什麼。然後，你就像剛才回答我那樣回答她。慢慢來。」

查克點了點頭;這個比喻讓他恍然大悟。「懂了。停頓,對吧。深呼吸。」

「沒錯,」我說。「掌控節奏的是你,不是她。」

我們回到進行取證的房間後,一切有了天壤之別。他再也沒有打斷對方律師的問題,每次都會花時間考慮自己的答案。那種倉促、近乎慌張的能量消失了,取而代之的是冷靜、沉著的態度。對造律師也注意到這些變化,她的節奏反倒被查克鎮定的態度給打亂了。她無法用連珠炮式的問題來逼他迅速回應。他做得很好。

## 停頓的好處

當你感到焦慮、害怕或不安時,說話會變快還是變慢?

你說話會**變快**。

這是進入點火階段的跡象,而且這種反應很正常。心跳加速會加速你的思考過程,讓你準備好在瞬間做出反應。你的反應動作會變得更快;速度成為優先考量。因此,你的思考速度往往會比你的說話速度還要快;這也是為什麼你說話的速度會比平常快很多。急著把話說出口會讓你做出情緒性的反應,而非邏輯性的回應。你可能更常聽到的說法是「說錯話」或「說了不該說的話」。

當你急著說話,不僅會讓自己面臨某些顯然有問題的狀

況，像是吃螺絲或表達不完整，你也會匆匆忙忙說出自己的觀點。你會錯過充分表達立場的機會。急著把話說出口也代表你其實沒有認真在聽，而是在聽完對方說的話之前，就已經想好自己要說什麼了。你會就此錯過一些訊息。

在這種情況下，如果你感受到自己的說話速度加快，會誤以為自己完全失去了控制，只能繼續這樣下去。但事實上，你的腳一直都放在剎車踏板上。

你只需要踩下去。

除了你在前一章中學習到的工具之外，還有一項溝通技巧能讓你脫穎而出。

**適時的停頓**。

沉默雖然無聲，但不等於沒有交流。我是認真的：沉默是你能運用的**最有效**工具，能協助你解決溝通問題。

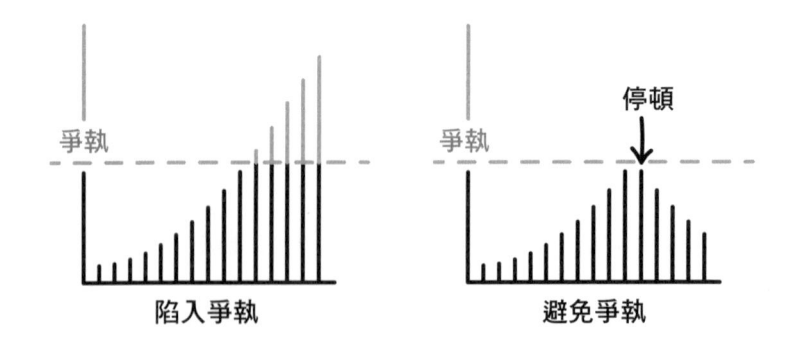

爭執　　　　　　　　　爭執　　停頓

陷入爭執　　　　　　　　避免爭執

那為什麼沒有更多人採用這個方法？原因有二。首先，多數人往往會避免沉默，因為他們不認為沉默是理想的反應。這種想法部分源自於我們在現代媒體中看到的一般溝通速度。Podcast 和社群媒體的片段都經過剪輯，刪除掉其中的停頓。電影和電視節目往往會誇大快速對話帶來的效果，讓觀眾覺得好像每個人老早就知道自己要說什麼。這個嘛，那是因為演員有劇本和剪輯師的幫助。但這不是真實生活中的溝通場景。以晚間新聞的主播為例。無論是在政治或體育領域，媒體往往會透過快速的反駁或回嗆來呈現對立的觀點，彷彿雙方正展開一場頂尖的智力對決。然而，這會扭曲認知，讓人以為速度比內容更重要。現實世界中的爭論不會像媒體所塑造的那樣。這不是對我們有益的評量標準。

其次，人們往往害怕沉默會顯得自己軟弱。舉例來說，在注重專業的場合，人們普遍認為如果不即時回覆電子郵件上的提問，或是在面談時沒有即時回答問題，就代表缺乏知識或準備不足。這種恐懼驅使你將即時回應放在首要考量，有時甚至導致你得犧牲用詞或資訊的準確性，或是放棄縝密思考作為代價。在日常對話中，你或許會發現自己經常使用填充詞來填補對話中的沉默，像是慣用詞（如「你知道」）或發語詞（如「呃」或「嗯」）。大家往往覺得沉默就代表能力不足，但事實上，沉默是正在醞釀的智慧。急著把話說出口才是軟弱的表現，放慢語速反而能展現出力量。

了解如何善用停頓，能夠讓你提升個人形象，展現出自己是個深思熟慮、值得信賴的人。別再認為沉默意味著不確定，你應該調整自己的思維，將沉默視為確保後續談話**真實可信**的方法。策略性的運用沉默不會顯得你猶豫不決，而是能反映出你的意圖。如果時間掌握得好，停頓可以是自信和自我控制的表現。通常來說，能掌控對話節奏的人，往往是最能控制自己的人。

　　這就是停頓的影響力如此強大的原因。它賦予你掌控**時機**的能力。

　　以下是掌控時機為你帶來的好處：

　　**反思的時間**。停頓讓你有選擇的空間。它傳達出一種心態，沒有人能逼你說出任何你不想說的話。當然，如果你願意，可以選擇回應。但你也可以選擇什麼都不說；不回應也是一種回應。選擇權永遠都在你手上。停頓不只讓你有時間斟酌措辭，也讓你對自己所說的話負責。當你選擇停頓，你不僅在控制對話的節奏，也是肯定自己在對話中的存在。

　　這段反思的時間無關乎猶豫，而是一種刻意的認可，表示你很清楚自己是誰。當你在回應之前停頓一下，代表你可以控制自己的情緒和想法。你能讓對方知道，你並不是一時衝動，而是經過審慎的思考。每當你克制自己的言語，都在展現自己的價值、自信以及力量。

停頓賦予你選擇和決定的力量：
- 這個人值得我破壞自己心靈的平靜嗎？
- 我想說的話真的需要說出口嗎？需要現在就說嗎？必須由我來說嗎？
- 我說的話會對這段對話有益還是有害？
- 我說話是為了提供價值，還是只為了滿足自己表達的慾望？
- 我說的話能否推進我的目標和價值觀？
- 在回應對方之前，我是否還需要了解更多事？

在刻意選擇沉默之後說出的話會更有影響力，因為這代表你接下來所說的話經過深思熟慮，讓你話語中的意義更具備分量。

**重新思考的時間**。停頓讓你有機會調整自己的行為，就像對話式呼吸、快速掃瞄或簡短的精神喊話一樣。停頓能幫助你評估自己是否為當下的狀況做好了準備。停頓可以保存你的能量，就像在辛苦鍛鍊過程的休息時間一樣。運用沉默對於評估周遭的世界來說也很重要。你會注意到現場的氛圍，且有機會觀察對方的反應、表情以及肢體語言。透過停頓，你可以感受到對方的溫度。這讓你不再只專注在自己想說的話，而是先運用五感去理解對方想表達的內容。

這之間的區別在於，你是會莽撞的捲入衝突，或是冷靜的對自己說：「等等，這真的是我想說的話嗎？」停頓能讓你退一步，思考對話的方向是否符合你對這段對話的期望目標以及價值觀。停頓所帶來的外在觀察資訊能夠提供指引，告訴你該如何繼續對話，讓你決定要軟化自己的態度、重申立場，或是提出新的看法角度。

　　**調整自己的時間。** 當對話的溫度升高，沉默就像一張濕毛毯。沉默能拉開刺激和反應之間的距離，降低情緒高漲的緊張感，平息火勢。因此，想要達到冷卻點，沉默的作用相當關鍵。它可以讓你重新調整自己的語氣。停頓能讓你做出策略性的選擇，避免說出可能讓情勢惡化的話語。沉默展現的是成熟和智慧，讓你成為更寬容的人。你可以決定什麼時候已經說得夠多了，也可以決定何時結束對話，而不是順從對方的安排。

　　停頓不僅能幫助你調節情緒，也能幫助對方自我反省。停頓會打破快速反應的循環，防止雙方失去理智。這一點非常重要。停頓會讓爭論變得支離破碎，因為它破壞了雙方一來一往的節奏，阻止緊張情緒迅速升溫。這是好事。停頓能避免雙方「情緒氾濫」，因為你們在互動之間插入了空檔，確保自己冷靜清醒。

　　別讓各界對沉默的誤解阻礙你接受停頓的力量。善用停

頓為自己爭取有利的時機，在每次對話中創造有意義的思考和沉思的機會。

## 如何停頓、何時該停頓

如果你想掌控自己的說話方式，就得學會適應沉默，別無他法。那麼你將用沉默表達什麼呢？

停頓帶來的沉默確實能傳達一些訊息。再次強調，沉默或許沒有聲音，但不代表沒有溝通。你可以試著想想停頓所傳達的不同訊息和訊號：

- 在他第一次說「我愛你」之後停頓。
- 在她問「你喜歡我的新洋裝嗎？」之後停頓。
- 在所有人大喊「驚喜！」之後停頓。
- 在她問「你昨晚去哪了？」之後停頓。

停頓對某人而言代表什麼意義，大部分取決於停頓時間的長短。舉例來說，如果我沒有在五分鐘內回覆你的訊息，通常沒什麼關係。但是五天沒有回呢？那麼我就會傳達出某種意思了。

在接下來的篇幅中，我將簡單說明其中的區別，以及如何根據沉默持續的時間，善加利用停頓的獨特優勢，將每個

安靜的時刻轉化為有利的溝通工具。

## 短暫停頓就像戴上老花眼鏡

短暫停頓介於一到四秒之間，能夠強調並聚焦在特定的字詞上，就像戴上一副老花眼鏡來閱讀細小的文字。你會看得更清楚。

短暫停頓傳達出你即將說的話經過深思熟慮，已經花時間衡量並斟酌用詞。

舉例來說，假如辦公室裡有人問你：「今天下午能把報告做好嗎？」短暫停頓能夠改變你對狀況的掌控：

- 你沒有停頓，立刻反駁對方：「我已經說過我沒辦法。」
- 停頓四秒後，你緩慢回應對方：「我已經說過我沒辦法。」

你在腦海中第二次念出同一句話時，是否語氣有所不同？只需要幾秒鐘，你的語氣就聽起來更堅定，對自己更有把握了。

讓我們再試一個更簡單的例子。這一次，想像有個朋友問你：「你過得好嗎？」請注意下列兩句語氣上的差別。

- 你沒有停頓,而是脫口而出:「我很好。」
- 停頓三秒後,你回答:「我很好。」

聽出來了嗎?立即回答對方顯示出你幾乎沒有思考就說出口,更像是不屑回應或隨便回答。甚至聽起來不太真誠。然而,加上一個停頓,就表示你思考過自己的答案。這也讓你的回答更有力、效果更好。你確實知道自己過得很好。

短暫停頓非常適合回答一般的問題,尤其是在面試或庭外口頭取證的場合更有效。我會建議客戶,在對方問完問題之後、自己要回答問題之前,加上幾秒鐘的沉默。請記住,**以呼吸作為開場白**。這不僅讓你有時間在腦海中思考並重播對方的問題,你說出口的話也會更穩重、更能掌握狀況。

短暫停頓也是用來強調特定用詞的好方法,例如在說出笑點或機智妙語之前……停頓一下。沉默就像懸疑故事一樣吸引你的注意力,它會激發人們的好奇心,讓他們忍不住想知道你接下來會說什麼。

這也是對話式呼吸如此重要的原因,這屬於短暫停頓。通常來說,你在說話時會照常吸氣,並在吐氣時把話說出口。對話式呼吸的吸氣時間總共是三秒鐘,這段時間剛好能讓你重新集中注意力,並在吐氣時以控制得當、平穩的語氣說話。

無論是在教室、會議室或客廳,在回應前先停頓一下的

人幾乎都表現得更穩重自持、更有自信。

## 延長停頓就像照鏡子

　　延長停頓會介於五到十秒之間。超過這個時間就不算停頓，而是暫停休息。

　　短暫停頓是為了集中注意力，而延長停頓則是為了反思。延長停頓就像一面雙面鏡，不僅能讓你反思自己的回應，更重要的是，也能迫使對方自我反省。

　　每當有人冒犯你，或是侮辱、貶低你的時候，延長停頓將是你最大的武器。原因如下：

1. 五到十秒的沉默足以讓對方有時間思考自己的言詞。他們說出的評論還迴盪在空中，往往令他們質疑或懷疑自己傳達的訊息。這就是為什麼有時候對方會利用這段沉默的空檔，在你回應之前就脫口說出「我很抱歉」或「我剛剛不該這麼說」。
2. 沉默永遠不會被錯誤引用或曲解。什麼都不說總比說一些傷人的話還好得多，因為這種話一定會被列入你們的交往紀錄裡，每次遇到問題就會再度出現。
3. 說最後一句話的人往往會以失敗收場。在談判時，人們總說先發言的人會輸；但是在爭論時，情況卻正好

相反。為什麼呢？因為要應對說出傷人的話的人，唯一的方法就是說一些更傷人的話。唯一能贏過對方尖銳評論的是更加尖銳的評論。當你強迫自己說最後一句話時，可能會成為那個必須先道歉的人。藉由在對話中插入延長的停頓，你可以阻止自己說最後一句話，讓對方的言詞赤裸裸的攤在陽光下。

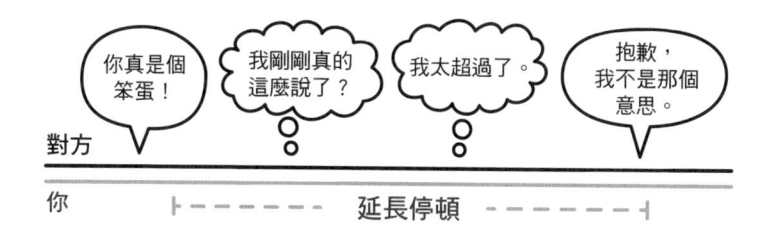

對方：你真是個笨蛋！／我剛剛真的這麼說了？／我太超過了。／抱歉，我不是那個意思。

你：├──── 延長停頓 ────┤

延長停頓特別適合用來對付不誠實的人。

各位可以想像，我身為訴訟律師，聽過很多證人說謊。當你已經對此見怪不怪時，如果別人對你說謊，你一點也不會感到驚訝。即使他們已經進行過宣誓。

我曾處理過一起案件，在庭外口頭取證的階段，我很清楚證人在對我說謊。

我很清楚他在說謊，因為我手上握有證據。對方是大卡車司機，先前開車撞到我的客戶，卻將車禍歸咎於另一輛車。但這位司機的手機紀錄顯示，他在意外發生的當下用手

機傳了一則簡訊,在事故發生前也傳過好幾則。他不知道我手上有這些紀錄。

「你有沒有在開車時傳簡訊?」我直截了當詢問。

「沒有,」他堅定的回答,「我從來不會在開車時傳簡訊。」

他犯的第一個錯誤,就是用了斷定的語氣:從來不會。每當有人使用斷定的語氣,往往是在自找麻煩。如果他們要說「從來不會」,就必須是從未做過這件事。

我用長達八秒鐘的延長停頓,讓他的話迴盪在空中。

他的視線逐漸飄移、掃視桌子周遭;他開始在座位上挪動身子。他有足夠的時間思考自己所說的話,於是他打破沉默,改口說:「我是說,我剛才說『從來不會』,但我想我有時候還是會這麼做。我的意思是,這取決於當時的情況,你知道的。我真的不記得了。」

他犯了第二個錯誤,開始言詞反覆。在德州,我們會說這個人像螯蝦一樣臨陣脫逃、出爾反爾(crawfishin')\*。

我又延長停頓時間,這次長達十秒鐘。時間長到足以令人覺得不適。

誠實的人不會介意停頓所帶來的不適。在雙方沉默時,

---

\* 編注:因為螯蝦(crawfish)在受到威脅或驚嚇時會向後退縮、逃之夭夭,美國南部或德州人會用這個詞來描述一個人臨陣退縮的樣子。

誠實的人很清楚自己沒有什麼好隱瞞。相對的，不誠實的人往往無法忍受沉默。對方保持沉默時，不誠實的人通常會覺得自己必須證明一切。他們感覺到你沒有上鉤，不相信他們的謊言。所以，他們會一邊在腦中設想你在想什麼、又會說什麼，一邊主動填補對話中的空白。他們往往會因為急於填補空白而露出馬腳。

我察覺到他退縮了，便給他自己選擇：是要說出真相，還是要後果自行負責。

我重複當初問的問題：「你有沒有在開車時傳簡訊？」

「或許有吧，是的。」他說，聽起來幾乎鬆了一口氣。

我把手放在桌上的文件夾上。那只不過是一疊無關的文件，真正的手機紀錄還在我的包包裡。

我的手仍放在文件夾上，接著對他施壓：「你當時在傳簡訊給同事。」

他點了點頭，說：「是的。」

短短幾分鐘內，他的態度就出現一百八十度的大轉變。過程中沒有爭吵、沒有大吼大叫，也沒有人大喊：「你承擔不起真相！」\*我只不過是利用延長停頓的力量，他就像是照鏡子般反思自己所說的話，接下來便坦白說出實話了。

---

\* 譯注：原文「You can't handle the truth!」是電影《軍官與魔鬼》（*A Few Good Men*）的著名台詞。

在第八章，我會教各位如何精進停頓的技巧，以最有效的方式回應那些說話傷害你的人。現在，你只需要知道不同的情況需要採用不同的停頓技巧。無論是面對直接的衝突、處理棘手的職場對話，或是純粹與他人展開深入的對話，在適當的時機插入適當的停頓，都能改變對話的狀態，讓你重新掌控局面。

這麼做不僅僅是保持沉默，而是藉由控制時間來放慢你的反應速度，以創造反思、重新思考與自我調整的空間。

## 本章小結

- 恰到好處的停頓對你有益，能讓時間發揮作用。也讓你有時間反思、重新思考以及自我調整。
- 在爭論中停頓並非猶豫不決的表現，而是經過思考和自我控制的表現。通常來說，能掌控對話節奏的人，往往是最能控制自己的人。
- 在刻意保持沉默之後說出的話會更有影響力，因為這代表你接下來所說的話經過深思熟慮，話語中的意義更具分量。
- 不同長度的停頓適用於不同的情境。在做出回應或回答問題前短暫停頓一到四秒，會讓你說的話聽起來更堅定、更果敢。延長停頓到五至十秒則會製造懸念，並成為啟動冷卻階段的一面明鏡。
- 當你接受停頓帶來的沉默，就能控制衝突的速度。這就像是開車時踩下剎車一樣：控制互動的速度能讓你安全的將對話導向更具建設性的結果。

法則二
## 說話時要有自信

# 第七章
# 堅定的語氣

你自願成為一項情緒感受研究計畫的測試對象。

醫生在你的頭部和胸前貼上各式各樣的電極貼片、連接一堆導線，監測你的生命徵象。一位科學家拿著木製書寫板夾和記事本走到你面前。他要求：「現在立刻感到開心。」

你疑惑的看了他一眼。「感到開心？要對什麼事感到開心？」當然，你還是試著擠出假笑，強迫自己笑出來，但這絕非真實的感受。你試著回想一些能讓自己開心的事，依然沒有什麼用。

科學家在記事本上匆匆寫下筆記。然後他又要求：「現在立刻感到害怕。」

就像上次一樣，你試著讓自己感到害怕。無可否認，眼前的導線和監測儀器確實有點詭異，但你並沒有真的感到害怕。你試著回想上次看的恐怖電影，但思緒卻開始漫遊，接著想到世界新聞比大多數的電影都還要恐怖。

科學家寫下更多筆記。這一次，科學家深深吸了一口氣，並指示你：「現在立刻感到生氣。」當「生氣」這個詞

從他嘴裡說出來時,「砰!」的一聲,他用書寫板夾拍打你的頭頂。

你立刻皺起眉頭,瞥了他一眼,心想:「我不敢相信你居然真的打了我的頭。」你震驚不已、感覺受到冒犯。最重要的是,你立刻感到「生氣」。

科學家笑了。「現在感到寬恕!」

## 自信是一種感受

「傑佛森,我該如何感到自信?」

無論是想適應職場環境、在面試中脫穎而出,或是為自己發聲,目前為止最多人會問我這個問題。但是,他們其實問錯問題了。

人的感受無法像電燈開關一樣任意啟動。感受往往源自某些事物,像是不好的回憶、開心的念頭,或是充滿壓力的環境。人會產生感受也有原因,像是頭被打了一下而錯愕、生氣。要產生自信也是一樣。自信是一種「感覺」,無法隨意喚起,也不能隨心所欲派上用場。這就是為什麼當你需要自信的時候,它往往不在你身邊。當你覺得有自信,是因為你感覺到了自信。自信是在理解並欣賞自己的優勢和極限下發揮自我的能力。

因此,如果你問「我該如何感到自信?」,就像是在問

「我該如何感到生氣？」一樣；它們不是這樣運作。要讓自己感覺更有自信，唯一的方法就是充分實踐有自信的言行舉止來培養自信。自信需要主動的投入，你可以透過特定的行為來建立並累積自信。

問題並不在於「我該如何感到自信？」，而是在於「我應該做些什麼來累積經驗，進而建立自信？」自信源於行動，而這項行動稱為「堅定」。自信就是堅定的表達意見。

堅定是你展現自信的方式。自信是一種感受，而堅定則是一項行動。你可以將為自信視為內在的感覺，而堅定則是外在的表現。堅定表達自己就是在實踐自信。你說話的方式以及你選擇的用字遣詞，都能展現出你的堅定。

自信與堅定相輔相成，共同創造出正向的回饋循環：更堅定的表達意見會帶來自信的感受，由此而生的自信感又會鼓勵你更堅定的表達自我。這是改變人生的超級組合。能夠堅定傳達自己的需求和觀點，為自己提升信譽，而非損害個人信譽，是一種無法言喻的力量。

如何更堅定的說話？我會教你怎麼做。

但這不是你讀一遍就能神奇的在需要的時候想起來的方法。所以，請先從以下十堂課中挑選一堂，應用在你的**下一次對話**當中。

你的堅定表達訓練從現在開始。

別逼我拿出書寫板夾。

希望變得更有自信

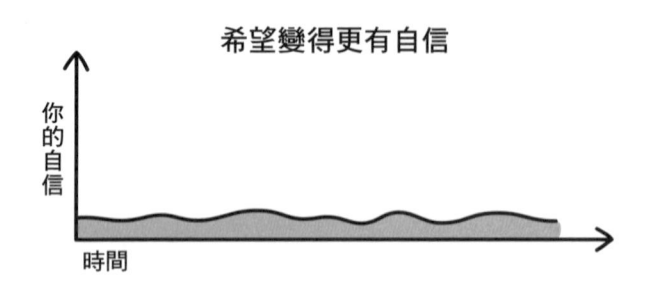

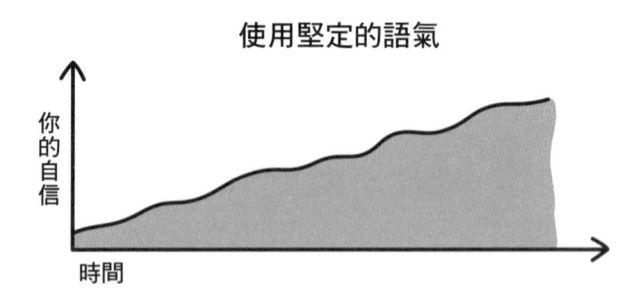

你的自信 ↑
時間 →

使用堅定的語氣

你的自信 ↑
時間 →

## 鍛鍊堅定表達的十項練習

　　堅定表達從基本做起。首先，你必須歸納出能堅定表達想法的用詞和常用語句，以傳達出自信的態度，而不帶有攻擊性。接著，你將學習能展現自尊的特定聲音和語調。如此一來，在對話、電子郵件、簡訊和視訊會議中，你就能把握機會，以友善的態度堅守立場。不久後，你會發現自己已經完全沉浸在堅定的語言使用當中，不知不覺以自信的態度面

對每次的對話，不再猶豫不決。

讓我們開始練習吧。

## 第一課：每一個字都很重要

在所有堅定表達的技巧和訣竅中，最重要的莫過於用字遣詞了。你所選擇的語言，也就是你挑選的每一個字，都會直接影響你堅定表達的能力。包含你寫的每封電子郵件、傳送的每則簡訊。

每、一、個、字、都、很、重、要。

正如我在本書開頭提出的問題：你的話語反映出的你是什麼樣子？行動往往更勝於言語，但行動無法取代言語。說出口的話語都帶有力量；你的話語代表你的個性、你的信譽，以及你的品格。花心思調整自己的用字和措辭，就是在投資未來的自己：建立你的自尊心，成就你想成為的人。舉例來說，想像你寫一封簡單的電子郵件給同事：

- 「我只是想跟你討論大綱的內容。」

現在，讓我們調整一個詞：

- 「我想跟你討論大綱的內容。」

感覺到兩者的差異了嗎？第一個句子展現出小心謹慎的態度；另一個句子則能建立自信。刪掉一個詞，句子就有了新的聲音。第一個句子裡的「只是」聽起來似乎猶豫不決，就好像你不想打擾對方，但你確實得打擾對方。第二個句子則是堅定說出你想做的事。

更多的對照例句如下：

- 不確定的語氣：「我在想，也許我應該問一下團隊。」
- 堅定的語氣：「我會問團隊。」

- 不確定的語氣：「我只是希望能更清楚了解你的期望。」
- 堅定的語氣：「我需要更清楚了解你的期望。」

堅定表達所需要的條件並不困難。你可以辦得到，你**知道該怎麼做**。你已經具備所有技能，能夠開啟全新的表達方式。一旦你開始注意到，自己或其他人在日常溝通的語言當中顯露出的不確定語氣，那些多餘的言詞就會顯得非常格格不入。你再也無法忽視它們。

## 第二課：向自己證明

自信源於行動，還記得嗎？要感到自信，你必須開始向自己證明你會說到做到。這表示你會告知對方你的下一步，

接著採取行動。關鍵是要大聲說出來，大聲說出你現在正在做的事，或是即將做的事。舉例來說：

- 「我要結束這個話題。」
- 「我在徵求你的同意。」
- 「我正在設定提醒。」

別說「我有點」、「我是想」或「我希望」。明確表達你的行動和意圖，消除語氣中的猶豫不決。

以下是我經常在電子郵件中看到的另一個例子：

- 「請參閱附件。」

這究竟是什麼意思？對方當然會看，你都附在電子郵件裡了。對方當然知道這是附件，他們看得到附件。「請」這個字並沒有增加任何價值。這種措辭既被動又軟弱無力，好像你身在其中卻沒有任何作用。也許你覺得這無所謂，但你為什麼要錯過哪怕是再微小不過的機會，來展現你對溝通、信譽或名聲的自信呢？

「我在此附上合約。」或者甚至是「我已附上合約。」都聽起來更直接、更主動、更堅定。你清楚告訴對方你要做什麼，接著確實照做，自信便自然而然的產生。

告訴對方你要做什麼所產生的影響是次要的，對你自身產生的影響才最重要。當你表達自己的主張並採取行動時，將會獲得一股力量，就像告訴自己：「嘿，我辦得到。」你在向自己證明，你相信自己的能力，而這些微小而堅定的行動會累積成經驗，建立你的自信。當你要堅守界線時，這些步驟會產生更大的影響力，你將在接下來的第九章學到。告訴別人你要做什麼，然後照做，你就證明了自己是那種說到做到的人。否則，你注定會被別人吃得死死的。

　　想像一下，你正處於激烈的爭執中。雙方的互動已經升級到人身攻擊愈來愈激烈的地步，而你覺得有必要脫離當前的狀態。你高聲喊道：「我發誓，如果你再說一次，我就會離開這裡！我真的受夠了，我是認真的！」對方毫不猶豫的再說了一次。但是你**沒有離開**，而是留了下來，繼續爭吵、大吼，讓情況持續惡化。

　　你是提升了自己的信譽，還是削弱了自己的信譽呢？

　　更糟糕的是，你破壞了自己的威信。現在，對方知道你不是認真的。你已經建立起一個形象，讓人認為你只不過是說說而已。

　　這時，你可以用堅定的語言收回控制權，為自己挺身而出。告訴對方你要做什麼，然後照做：

- 別突然離開又甩上門，而是說「我要離開房間了」，

然後照做。
- 別突然掛電話,而是說「我要掛電話了」,然後照做。

這就像在打撞球時先說出你鎖定的目標球和袋口一樣。依據你的目標展開行動能展現出你對自己的肯定。你傳達的意義是你不怕說出意圖,相信自己有能力達成目標。一旦你付諸實踐,就能鞏固這種信念。這種前後一致的表現是正面回饋循環的一部分,當你說出自己的目標,就一定會去做。下一次,你就會變得更有自信。

自信就是挺身而出,向自己證明你言出必行。一旦你實現對自己的承諾、滿足自身的期望,並使用堅定的語言時,將能強化自立自強的本領。

## 第三課:不帶歉意的表達需求

試著想像你是世界上最厲害的律師,身穿專業的服裝,流露自信的神情。你的客戶就是你真正的樣貌,身穿普通的衣服,就像是你為自己打造了一個替身,這個人和你擁有相同的欲望、需求以及憂慮。你坐在一間大公司的會議室裡,其他人坐在你和你客戶對面。你拍拍客戶的肩膀,請所有人坐下,而你依然站著。

在這一刻,你知道如果你不為你的客戶發聲,其他人更不會為他發聲。你是你客戶唯一的希望。你做好萬全準備,

也很清楚客戶想要的是什麼。會議開始時，你代表你的客戶發言：

- 「我的客戶不會接受這一點。」
- 「我的客戶期望的是公平對等。」
- 「我的客戶必須確保這種事不會再發生。」

當你為客戶挺身而出時，你說的話聽起來充滿力量、語氣堅定。你不僅僅是在參與對話，而是以自信引導對話的走向，認真維護客戶的需求和權利。你的用字遣詞都經過深思熟慮，目的在於保護、促進你客戶的最佳利益，並確保你的客戶受到應有的尊重。當你這麼做的時候，你會意識到自己聲音具備的力量。

現在，用同樣的力量和語氣、同樣的正義感，把「我的客戶」換成「我」。

- 「我不會接受這一點。」
- 「我期望的是公平對等。」
- 「我必須確保這種事不會再發生。」

這就是為自己發聲。

想要變得更堅定自信，你必須學會表達自己的需求。你

可以用「我需要」作為句子的開頭。這種簡單的語言轉換能讓你掌握自己的需求，並且清楚表達出來。

- 「我需要一點時間。」
- 「我需要和你談談。」
- 「我需要你知道那件事對我造成的影響。」
- 「我需要你的幫助。」

如果你不知道如何說出自己的需求，就無法堅定的表達。你必須為自己發聲，這表示你必須停止過度道歉。我指的並不是真正的道歉，而是那些虛偽的道歉、不必要的道歉，以及沒有意義的道歉。我指的是那些你在提出請求、疑問，或是想深入了解情況時隨口加上的「抱歉」，比如：

- 「嘿，抱歉，你有空嗎？」
- 「不，我今天沒空。抱歉！」
- 「很抱歉打擾你。」
- 「抱歉，我不太明白。」
- 「抱歉，你能再說一遍嗎？」

「抱歉」這個詞或許能給人一種安全感，但這對你的自尊有百害而無一利。把真正的「抱歉」留到重要的時刻再說，

像是要請求原諒、承認錯誤或對別人的痛苦表示同情。

與其過度道歉，不如表達感謝，或者什麼都別說。

- 以前說：「抱歉我遲到了。」
- 現在說：「感謝你耐心等待。」*

- 以前說：「抱歉打擾你了。」
- 現在說：「感謝你的幫助。」

- 以前說：「抱歉問了這麼多問題。」
- 現在說：「謝謝你幫我釐清狀況。」

無論你有沒有意識到，過度道歉都會影響你的心態。你會把自己視為一種麻煩或煩擾。但你必須了解：你的自我價值與你所造成的不便程度無關。在保持尊重和信譽的基礎上堅定表達個人需求，絕對不是在添麻煩，而是必要之舉。

## 第四課：在重要的時刻發聲

我在之前的律師事務所時，參加了氣氛熱烈的合夥人會議，當時討論到每年年末都會談的典型話題，像是分紅、加

---

* 作者注：除非你真的遲到了，在這種情況下你就應該道歉。

薪以及明年的計畫等。每當會議即將有進展時，總會有人針對提出的計畫發表評論或挑毛病。無論這些評論是否與計畫相關，他們都會透過這些方式來擾亂決策，拉長會議時間。我完全不介意有人抱持反對意見，但這種人很喜歡強調「但是，如果……」的問題，卻對解決問題毫無興趣。

你也知道這種人。他們會大肆抱怨自己的壓力有多大，但他們往往是工作最輕鬆的人。大家都很清楚，這種人的工作時數、對公司的貢獻是在座所有人當中最少的，對公司的現況和發展方向也最不了解。這種人「以為戴了牛仔帽就懂得放牛」(all hat and no cattle)，德州人用這句話形容他們光說不練、虛有其表。這種人話說得愈多，失去的尊重和信譽就愈多。每次他們一插話，就引起更多人的抱怨、嘆息或翻白眼。

相較之下，最受敬重的資深合夥人往往寡言。但當這位合夥人開口，所有人都會凝神傾聽。這位合夥人平時保持沉默，並不是因為他對這項計畫興趣缺缺，而是因為他很清楚大家何時需要聽到他的聲音。

通常那些懂得最少、貢獻最少或意見最不重要的人，往往有最多話要說。我相信你一定參加過類似的線上會議，最搞不清楚情況的那個與會者，往往覺得自己有必要對每一個小議題發表高見。

有自信和沒有自信的人之間最大的一項區別，就是沒有

自信的人往往覺得自己有需要說一些話。這是個致命傷。我的意思不是說你不應該插話、表達關切，或參與團隊活動。我的意思是，缺乏安全感的人往往有衝動想說「所有事」。他們的不安全感讓他們相信，自己必須證明一切才行。每個人都應該知道他們有多聰明、多厲害、「比你強多少」。因為他們對自己沒自信，才要確保你認為他們不是這樣的人。這種不安全感會以很明顯的方式表現出來，像是攀關係、好勝愛爭先，或是堅持要說最後一句話。

自信的人往往會克制自己「什麼都不要說」。他們的沉默中蘊藏著智慧。他們在傾聽、在觀察並吸收資訊。自信的人知道他們不需要證明任何事，因為他們對自己的能力和知識有信心。他們相信自己，不需要外界的肯定。因為他們對自己很有把握，也就不渴望成為鎂光燈的焦點。

如果缺乏安全感的人對自己的貢獻沒有信心，他們就只能在批評他人時才能感到自信。千萬別成為那樣的人。下次你看到這種情況，要記得這是他們缺乏安全感的表現。你可以藉此提醒自己，真正有自信的人會選擇發言的時機。

## 第五課：簡單扼要的表達

用字愈少，重點就愈清楚。

你可以把對話想像成供需關係。經濟學告訴我們，當某種商品的數量過多，人們對它的需求就會減少；供過於求會

降低價格。反之，如果某種商品的數量太少，人們對它的需求就會增加；需求將驅使價格上漲。同樣的原則也適用於溝通。你的話愈多，我就愈不想聽，你說的話也就愈沒有價值。但如果你的話愈少，我就愈想注意聽，你說的話也就愈有價值。每個字都有影響力。一旦有過多的話語充斥在對話市場上，就會造成注意力的赤字。

這也是為什麼過度解釋會扼殺自信。你說得愈多，實際上傳達的意義就愈少。用太多的話來說一件小事會造成很大的問題。誘使人們過度解釋的原因是，擔心對方不相信自己；這屬於社會評價的誘因。但是，一旦你說得愈多，你的話聽起來就愈不可信。你用愈多話語來說真相，聽起來就會愈像謊言。你說話的時間愈長，聽起來就愈像你不知道自己在說什麼。

## 第六課：刪除填充詞

「嗯」、「啊」和「呃」等填充詞能延長你說的話。填充詞是自然且常見的現象。人們大多是在無意識的狀態下使用這些填充詞，用來填補說話之間的空檔並延續對話。在與親朋好友聊天的非正式場合中，使用填充詞不是什麼問題。簡單的填充詞就可以幫助你維持對話的節奏，你甚至不會意識到填充詞的存在，因為你很放鬆，正在展開深層的互動。然而，在比較正式或專業的場合，填充詞代表著猶豫不決，會

削弱你的自信心。這種「言語拐杖」傳達出你還沒有準備好，或是你對自己說的話不太有信心。

有些填充詞你可能根本不會注意到：

- 「就像」
- 「你懂嗎？」或「你懂我的意思吧？」
- 「對吧？」或「我知道，對吧？」
- 「這個嘛，是啊」

這時，只需要用**沉默**取代填充詞。請注意其中的差異：

- 以前說：「這個嘛，是啊……嗯……就像……好吧……你知道當你說話時帶著填充詞，它們就有點……就是說……干擾了……像是……你的訊息，對吧？」
- 現在說：「當你說話時帶著填充詞，它們會干擾你的訊息。」

看到兩者的差別了嗎？即使你試著去讀「以前說」的句子，也很難快速理解它在說什麼。你可以透過沉默來解決這個問題。

你第一次嘗試這個方法時，可能會說得更慢，因為你正有意識的思考下一個詞要說什麼，以防填充詞取而代之。這

也沒關係。你必須克服衝動,別用雜訊來填補空白。學會適應沉默。

正如你在第六章學到,沉默帶來的停頓能讓你更容易掌控局面。沉默讓你有機會強調特定的用詞。在你的大腦認知中,這麼做可能很尷尬或很奇怪。但是,對於聽你說話的人而言,你說的話聽起來經過思考、充滿自信。填充詞不會為對方帶來任何價值。每一個不必要的字都會削弱你想傳達的訊息。

刪除那些會稀釋你的訊息的字詞。如果你想讓自己聽起來語氣堅定,那就好好整頓你的用字遣詞。

## 第七課:永遠不要貶低自己

如果你不相信自己說的話有價值,對方也不會相信。使用貶低自己價值的語句會慢慢侵蝕你的自信心,比如說:

- 「我不想打擾你。」
- 「我知道這聽起來很蠢。」
- 「請原諒我的蠢問題。」
- 「我可能漏掉了什麼。」
- 「你可能比我更清楚。」

聽我說,我知道你說這些話是出於好意,我都懂。你想

展現溫和的態度，用一種近乎謙卑、自嘲的語氣。這一點值得欽佩，但是聽你說話的人往往不會這樣想。

你反倒會釋放出訊號，顯示出你把自己看得比較輕。這些話聽起來像是在為自己保留後路，刻意降低別人對你的期望。於是，你在完全展現自己的能力之前，別人就會先對你的能力打上問號。

因此，對方會把這些話和你實際上造成的影響連結在一起。也就是說，當你說「我不想打擾你」，對方聽到的是「我接下來要告訴你的事**會**打擾到你。」或者，對方會認為你接下來要說的話聽起來很蠢、你接下來要問的問題很蠢，都是同樣的道理。這些訊息都無法讓你堅定表達想法。這跟過度道歉的狀況很相似，就好像你在為占用時間、空間而道歉，這和堅定的語言背道而馳。當你使用這類語句的時候，也讓對方承擔起社交義務，必須安撫你或原諒你，跟你說「哦，你沒有打擾我」或「這不是愚蠢的問題」。於是迫使你們在進入正題之前，就先為了你的不安全感展開一次小對話。用貶低自己的方式來界定你與他人的互動，會在無意中強化一個觀念，讓人認為你的聲音不值得聆聽，或是你的聲音不如他人重要。

當你在句子後面加上「我這樣說清楚嗎？」，也會貶低自己。我明白你這樣說的用意，是要確保自己說的話能正確的傳達出去，你在尋求對方的認可，確認自己說得夠清楚。

但是實際上，這句話會讓你陷入雙輸的局面。即使在最好的情況下，對方沒有誤解你，這句話至少也會讓你聽起來很沒有把握，就好像連你都不相信自己所說的話。就像有人說：「我正在想，考量到天氣、交通等因素，明天的會議能否改期。我這樣說清楚嗎？」在最糟的情況下，你有可能冒犯對方，因為這暗示他們可能沒有理解你所說的話，然而他們其實完全明白。就像有人說：「所以，你只要將這兩個部分連接起來，它就會開始運作。我這樣說清楚嗎？」為了避免這些不好的結果，最好完全省略這個問題，或是用「你有什麼想法？」或「你覺得如何？」來替代。

每當你發現自己即將貶低自己的存在時，請暫停，重新思考要怎麼說才能堅定表達你的看法，避免自我懷疑的語氣。別忘了，你的觀點具有價值，自信表達你的觀點不僅可以改變他人對你的看法，也可以改變你對自己的看法。

因此，專注在能深入理解或分析問題的用字遣詞表達方式吧。例如：

- 「我想根據你所說的事更進一步討論。」
- 「我想再深入探討。」
- 「我可以進一步延伸這個話題嗎？」
- 「我有些見解可能會對這個問題有所幫助。」

這些語句聽起來比較像是你在積極處理問題、勇敢表達自己的看法，而不是迴避問題。

## 第八課：捨去多餘的用詞

要學會堅定表達的用字遣詞，最快的一個方法就是減少句子中的副詞。副詞是修飾動詞或形容詞的詞彙，在英文中許多是以 -ly 結尾，此外，表達程度的詞也是副詞。

- 只是
- 相當
- 非常
- 其實
- 基本上
- 本質上
- 實際上

我並不是說這些字詞不好，它們出現在日常談話中也**沒什麼**問題。但是，如果你想在重要時刻更能堅定表達想法，而且你明白每一個字都很重要，那麼就可以捨去不用副詞。你可以比較「所以，基本上，副詞其實會削弱你的句子」與「副詞會削弱你的句子」之間的差異。

還有許多用詞也會阻礙你堅定表達意見。下列範例是不

是聽起來很耳熟：

- 「我想說的是⋯⋯」或「我只不過想說⋯⋯」
- 「我覺得很有趣⋯⋯」
- 「無意冒犯，但是⋯⋯」
- 「只是⋯⋯」
- 「我的意思是⋯⋯」
- 「我只是想說⋯⋯」
- 「老實說⋯⋯」
- 「別誤會，但⋯⋯」
- 「我真的只是想⋯⋯」
- 「我很好奇⋯⋯」
- 「所以我在想，或許⋯⋯」

即使在最好的情況下，這些用詞至少都會削弱你的信譽；而在最壞的情況下，這些用詞代表不真誠。捨去它們，你不需要它們，你應該直接說出副詞**以後**的所有內容。

## 第九課：有疑問時，遵循經驗

很多時候，尤其是在職場上，你會被問到一些你不知道如何回答的問題。發生這種情況時，你就有機會使用堅定表達的語言回應對方。與其表現出驚嚇、不知所措的樣子，不

如仰賴過去的經驗：

- 「我從未遇過這種情況。」
- 「根據我的經驗⋯⋯。」
- 「以前，我曾經⋯⋯。」
- 「就我所知⋯⋯。」

即使你當下不知道答案，仰賴過去的經驗也能為你的回應奠定更堅實的基礎。請注意，說「我不知道」並沒有錯。其實，承認自己不知道是誠實和謙遜的表現，可以建立彼此的信任。在承認自己不知道之後承諾找出答案，或是主動反思相關經驗並提供意見，代表你樂於做出貢獻。與其雙手一攤，不如提供過去的經驗，展現出你積極的態度，善用你的知識來面對種種不確定因素。

## 第十課：說「我有信心」

這一課很簡單。在給出答案之前，以「我有信心」作為句子的開頭。無論你之後說什麼都不太重要，因為對方聽到「信心」這個詞，自然就會將這個行為與你連結在一起。

- 以前說：「我認為我的技能將成為貴公司的資產。」
- 現在說：「我有信心我的技能將成為貴公司的資產。」

- 以前說:「我想我能幫得上忙。」
- 現在說:「我有信心我能幫得上忙。」

- 以前說:「我想如果遇到問題,我知道去哪裡找答案。」
- 現在說:「我有信心如果遇到問題,我知道去哪裡找答案。」

再試著想想,當對方使用「我認為」和「我有信心」這兩種表達方式時,你有什麼反應?你更信任哪個人?

## 注意你的語氣

正如我在本書開頭所說,關鍵不在於你說什麼,而在於你怎麼說。如果我只告訴你應該使用哪些字詞,而不告訴你這些字詞聽起來是什麼感覺,我就沒有信守承諾。那麼,自信**聽起來**究竟是什麼樣的感覺?

自信是一種平衡,就像用耳機聽音樂,兩隻耳朵聽起來都剛剛好,聲音是平衡的。在堅定表達的溝通中,這種平衡表示「我尊重你,也尊重自己」。這就是堅定表達與咄咄逼人之間的差異。咄咄逼人的溝通方式不在乎是否尊重別人,堅定表達的溝通則相反。堅定表達所展現的是穩定、均衡的語氣。你讓話語傳達出意義,其中蘊涵你的信念和期望。

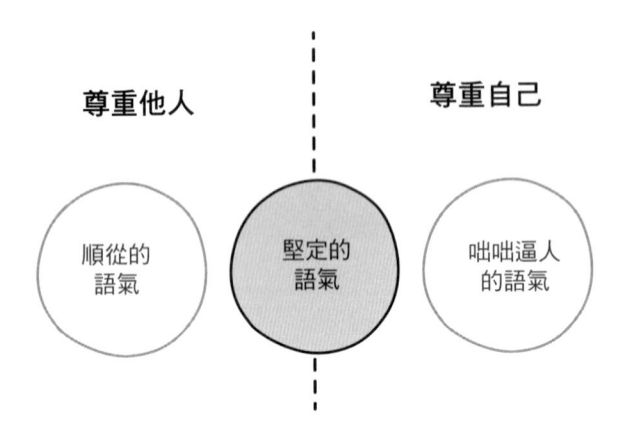

```
尊重他人                    尊重自己

    順從的      堅定的      咄咄逼人
    語氣       語氣        的語氣
```

　　關鍵在於避免語氣上揚，在句子的結尾不要將語調上揚。這種上揚的語調經常出現在問問題的時候，像是：「你確定嗎？」即使是陳述句，這種語調也暗示不確定性，或是請求對方認可的意涵。

　　要讓自己聽起來更有自信，可以用下降或中性的語調來結束句子。想像一下，吃晚餐時請家人遞鹽罐的時候，你不會用上揚的語氣說：「請你把鹽遞過來好嗎？」這樣說好像你不知道鹽是什麼，或是在質疑他們遞鹽罐的能力。你更有可能使用中性的語調，以更接近陳述句的方式來表達，語氣不會上揚，而是維持不變。

　　眼神接觸是堅定表達的溝通當中的另一項關鍵。[1] 眼神接觸代表投入、真誠以及自信。你在會議中分享想法或回饋

時，與聽眾保持適度的眼神接觸，表示你對自己提出的觀點有信心。你傳達的訊息是：「我相信自己所說的話，而且我專注在當下，和你一起參與這場對話。」另一方面，避免眼神接觸會讓你顯得不確定，或是對話題不感興趣，而過多的眼神接觸可能會被視為挑釁。

如果你覺得保持眼神接觸很困難，我有一個小訣竅：等你快要說完一句話的時候再進行眼神接觸；也就是以眼神接觸來結尾。你或許以為應該一直保持眼神接觸才行，但事實並非如此。其實，長時間的眼神接觸可能會讓人覺得你太強勢，甚至有點令人毛骨悚然（但願對方不會這樣想）。因此，你可以在快要說完話的時候與人對視，效果也一樣。[2]

說話的韻律，也就是你說話的節奏和速度，也很重要。堅定的說話韻律指的是，以適當的速度清楚表達意見，讓對方充分理解你所說的話，既不匆忙也不猶豫。這代表每個字都具備應有的意義，表示你已經思考過自己所說的話，並且認真對待你說的話。舉例來說，提出新策略時，說得太快可能顯示你很緊張，或是對自己的想法缺乏信心，而說得太慢則可能被解讀為不確定。

綜上所述，克制的語調、適當的眼神接觸，以及沉穩的說話韻律，可以大大提升溝通的效果。這些方法不僅能讓人聽見你堅定的語氣，也能讓人感受到、看到你堅定的態度。無論是想要求升職、設定界線，或者只是表達意見，你傳達

訊息的方式與訊息本身同樣具有影響力。這些條件與明確且尊重他人的言語，都說明堅定溝通的本質，並讓它成為推動個人成長和職涯發展的強大工具。

請各位快速回顧本章的十堂課，挑出你感覺最困難的一課。把這一課當作你今天、明天或本週的重點。在下一次對話中，或是在下一則訊息交流時，開始使用這些堅定表達的字詞和語句。再觀察你有什麼感覺，看看其他人的反應，也檢視這個方法如何讓你更堅定的為自己發聲。

使用堅定表達的話語可以建立自信。隨著你的自信心持續成長，你也會因此更想要堅定的表達自我，形成正向的回饋循環。所以，開始身體力行吧。當你使用過其中一堂課的方法後感覺不錯，那就繼續實踐下一堂課吧。你不用等到兩天後才找到合適的話語。馬上打造你堅定表達的語氣，讓自己現在就知道應該說什麼。

## 本章小結

- 自信是一種感覺，你無法隨意喚起自信。
- 你可以透過堅定表達來建立自信；這兩者結合在一起，將創造正向的回饋循環。你的語氣愈堅定，你就愈有信心，而你愈有信心，你的語氣就愈堅定。
- 用字遣詞很重要。通常，你說得愈少，聽起來就愈有自信。捨去不必要的道歉和填充詞，增加句子的力道。
- 一旦展現出堅定的語氣，你就能自信表達自己的需求。

# 第八章
# 應付難溝通的人

　　家人之間的法律糾紛往往最糟糕，其次則是朋友之間的法律糾紛。

　　你周遭的親朋好友非常了解你，知道什麼會讓你開心，什麼又會惹你生氣。一旦雙方的親密關係走下坡，可能會演變成最難堪的衝突，這種衝突會讓一個人展現出最糟糕的一面。有時候，你生命中最難溝通的人不是跟你有血緣關係，就是跟你有過牽扯，這讓原本就很困難的對話變得更加困難。我想各位也深有同感。

　　我曾處理過一個案件，當事人是一對中年姊妹。溝通過程就跟你想像的一樣不愉快。

　　我的客戶想讓她們繼承的事業順利經營下去。她妹妹則想把生意賣掉，然後平分利潤，原因是她的人生目標不同，我們就姑且這麼說吧。她們需要徹底斷絕這個持續造成雙方衝突的根源，所以，我的客戶打算買下她妹妹的股份。

　　儘管我的客戶多次嘗試協商，但她的慷慨和耐心換來的始終是妹妹的固執己見，有時甚至是全然的敵意。對方堅持

將我的客戶描繪為故事裡的反派角色。當我的客戶提出合理的解決方案，對方就會想方設法扭曲她的說法，並訴諸傷人的評論和侮辱，甚至回溯到她們小時候發生的事情。她很清楚這些話會傷害我的客戶。

「我還要保持善意到什麼地步？」我的客戶在一次電話中問道。

「你得一直保持善意，」我說：「但這不代表你要軟弱。你無需反擊，只需要不被對方擊倒。」

我的客戶意識到，她已經盡一切努力維持和平，並尊重父母的願望，但是自己已經達到極限。試著「解決問題」根本行不通，她需要不同的策略。她運用各位即將在本章中學到的這一課，開始在自己與妹妹的對話中為自己挺身而出。她找到了自己的聲音。

雙方同意在律師的陪同下見面，最後一次嘗試解決她們之間的問題。在會面之前，我的客戶很緊張，但我能感覺到她的語氣中出現一種嶄新的自信。一開始的討論還算順利，但沒過多久，妹妹就開始煽風點火。某一刻，她撂下狠話，這不僅只是一句評論，而是一顆手榴彈：

「我從來就不喜歡你；反正你對我而言早就死了。」

我的客戶陷入沉默。從我們多次的談話中，我知道她妹妹的這句話就像利刃一樣傷人。在延長停頓許久以後，她終於開口。

「我需要你再重複一遍。」

她的妹妹看起來很猶豫。她沒有料想到姊姊會有這種反應。她看起來似乎想再說一遍，但是卻說不出口。

「我……我就不重複了，」她說，語氣有些動搖。

「那麼我也不重複這一切了。」我的客戶堅定說道。「我要脫離這個情緒風暴。如果你想和我一起放下過去，現在就放下吧。而且我一直都很愛你。」

這位妹妹淚流滿面，要求跟她的律師單獨談談。幾分鐘之後，這件案子和解了。

你一定聽過類似的建議：在這樣的艱難時刻，你必須保有同理心，並試著與對方達成共識。我認為這麼做是對的，也是令人欽佩的行為。然而有時候，這種做法並不實際。當你覺得自己的同情心被消耗殆盡時，應該怎麼做？當你認為自己的同理心被剝削或利用時，應該如何溝通？

## 緊要關頭的因應措施

光靠善意不一定有用。再多的耐心或溫和解釋也無濟於事，對方早鐵了心要曲解你的話。發生這樣的情況時，你往往會做出以下的選擇。你會小心翼翼、不斷調整自己的言行，以避免衝突，因而犧牲自己真實的想法和內心的平靜。或者你會加倍奉還，用以牙還牙的態度對抗他們的負能量。

我希望你兩個都不要選；你其實還有第三種選擇。你可以用嶄新的堅定語氣，創造出無法讓人曲解的回應，它具備攻擊般的無畏勇氣，卻沒有任何不尊重的意思。

最終，你必須為自己挺身而出；到了緊要關頭，你必須表達自己的不滿。是的，你仍然要保持正直的態度。是的，你仍然要尊重他人。但是，你的回應應該展現出你對自己的尊重，站出來說出你無法接受的事情。

你首先要知道的是為自己挺身而出的時機，因為不是每個人都值得你為他費心回應。這是一種了解自我價值的心態。不是每個人都值得你破壞心靈的平靜。你必須弄清楚並且有意識的決定，眼前這個人對你而言是否重要。

以堅定的態度傳達不同的立場並且為自己挺身而出，這既是一門藝術，也是一項技巧。如果有人越界，以下是你需要的進階方法。

## 如何化解侮辱、輕蔑和粗魯的話語

當你聽到某人說出粗魯或侮辱性的話語時，請理解他們是想從你身上得到某種東西。那個東西就是多巴胺，也就是「讓人感覺良好的荷爾蒙」[1]，它能夠激勵並獎勵我們。這些人尋求多巴胺的舉動與你個人沒有什麼關係，他們的行為通常反映出自身的不安全感。貶低他人可以讓無權無勢的人感

覺有權有勢,讓被忽視的人覺得受到關注,也讓嫉妒的人感覺自己獲得了某些東西。他們會從別人的注目中獲取多巴胺,或是藉由控制你的負面反應獲取多巴胺。

這也能讓他們分散注意力,就不必把心思放在自己脆弱的一面,而是把重心放在從你身上察覺到的弱點,或是自己投射在你身上的弱點,就像有時候你也會如此評斷他人。即使只有一瞬間,對方也能察覺到自己有能力讓你感到不安,這讓他們的不安全感因此降低了一些。一旦他們知道你不開心,自己也就不會那麼不開心了。這是一個循環,對方暫時得到的快感,是以你的自信作為代價。

關鍵在於,你得看清這種言論的真正本質:對方企圖引起你的回應。

請記住,這與你個人無關,而是對方需要你的回應。

因此,當對方為了獲得多巴胺而說出某些話時,最不應該做的事情就是滿足他們。所以,你就不要這麼做。

## 當對方侮辱你或冒犯你時

「你是個白癡。」

「你是失敗者。」

「你長得很醜。」

無論對方是用難聽的字眼罵你,或是對你的性格、外

貌、能力或身分做出人身攻擊，這些言論都是為了傷害你。這些話可能衝著你的年齡、種族、性別或背景而來，目的是要重重的傷害你，而且因為這些話很直接，往往會造成更大的傷害。

我知道，受到侮辱時，直接反擊回去感覺更好，像是：「哦，我是個白癡？你才是……。」但這麼做只會讓情況繼續惡化。或許你可以說服自己，這種反擊行為又沒什麼關係，不過現在**你才是**那個尋求多巴胺的人。雙方的攻擊會持續下去，直到其中一方退出，另一方獲得短暫的「勝利」。

這不值得。你的價值遠高於這種低劣的行為。

有人侮辱或冒犯你時，請嘗試以下步驟：

## 1. 延長停頓的時間

延長停頓讓對方有機會思考自己說出口的話。停頓也會讓對方的話在到達你耳裡之前就煙消雲散，就像我將在第十一章討論的內容，這可以避免你產生防備心。延長停頓的時間會讓對方重新思考自己所說的話，並且反思應該要堅持下去，或是收回前言。別忘了，尷尬的停頓會讓對方感到不安，但沒關係。最重要的是，沉默會**奪走他們的多巴胺**。

## 2. 緩慢重複對方所說的話

就多數情況來說，你只需要沉默以對。如果這還不夠，

就請非常……緩慢的重複對方所說的話。如此一來，你說的話就成為他們腦海裡的回音。你是在確保對方聽到他們所說的一字一句。

3. 持續吐氣

當你重複對方所說的話時，可能會消除他們的疑惑，也可能火上加油。這時請專注在你的呼吸。在那一刻，你必須仰賴呼吸控制，確保自己不會繃緊身體或思緒紛亂。如果你進入淺呼吸的狀態，更有可能太晚才表現出情緒或憤怒，進而失去優勢。如果有必要，你還可以設下界線，各位可以在下一章中學會相關技巧。

## 當對方貶低你、擺姿態或自認高人一等時

「讓我用你能理解的方式來說明吧。」

「哇，你終於瘦下來了。真有你的。」

「你以為自己做對了嗎，實在天真。」

這些話語的目的在貶低你的努力、智慧或地位。他們在用「居高臨下」的態度跟你說話，試圖向你解釋你已經知道的事情。這跟更嚴重的侮辱不同，這些言論往往是間接的羞辱，通常讓人感覺像是虛偽的讚美或友善，背地卻暗藏著一股貶低你的意味。

對方貶低你、擺姿態或自認高人一等的時候，請嘗試下列步驟：

### 1. 要他們再說一遍

請他們重複一遍。就這樣。一旦你要求對方重複他們剛才所說的話，就剝奪了他們所有的樂趣，也就是多巴胺。這就像在他們尖銳的話語，扔上一條濕漉漉、軟趴趴的毯子。他們也沒有料到你會這樣回應。當對方說出貶低你的話時，他們期待焦點將轉到你身上。但是，當你要求對方重複剛才所說的話，焦點又會回到他們身上。他們會感到很不自在，於是往往便迅速回答「沒事」，或是「呃，我的意思是……」，因為他們正試圖調整自己的回應。請對方重複一遍的步驟很簡單，你可以這麼說：

- 「我需要你重複一遍。」
- 「我需要你再說一遍。」
- 「我沒聽清楚，你能再說一遍嗎？」

### 2. 詢問對方想達成的結果

無論對方是否有勇氣重複先前說過的話，你都要詢問他們想要達成什麼的結果。這類問題的用意在於，凸顯並推測對方試圖引發的反應。同樣的，你是在替對方說出他們需要

聽到的回音。

「你想用那句話傷害我嗎?」
「你想用那句話讓我難堪嗎? 」
「你這麼說是為了貶低我嗎?」
「那樣說讓你感覺很好嗎?」

3. 以沉默回應

　　無論對方的答案是什麼,你都要用沉默作為回應。不要跟他們針鋒相對比較好。最有可能發生的情況是,他們會想出一個糟糕的藉口,或者說自己只是在開玩笑,甚至開始支支吾吾解釋,或是想要收回自己說過的話。這時,就讓他們差勁的行為持續下去,你的沉默將顯示出你是擁有控制力、能保持鎮定的人。

## 當對方表現得無禮或不屑一顧時

「哦,你還在說話啊?」
「沒人問你的意見。」
「光是聽你說話我就覺得自己變笨了。」

　　這些評論是比較常見的一般言論,不只違反社會規範,還顯示出缺乏對他人的尊重。這些言論可能是直接或間接的

批評，而且往往令人不快，目的是要否定你的想法或信念。

當對方表現得無禮或不屑一顧時，請嘗試以下步驟：

### 1. 短暫停頓

停頓足夠的時間，讓他們反思自己所說的話。此時，你使用沉默作為天秤，衡量他們所說的話是否值得你付出時間和精力。

### 2. 詢問他們的意圖

這些問題就像詢問結果的問題，但更著重在對方的表達方式，讓你能注意他們說話的語氣，進一步探詢他們的意圖。這些問題像是：

- 「你是想讓這句話聽起來很無禮嗎？」（或是冒犯、輕蔑）
- 「你是有意讓這句話聽起來很冷淡嗎？」
- 「你說這句話的用意是什麼？」
- 「你期望我對這句話有什麼反應？」
- 「你這麼說是要幫助我，還是要傷害我？」

### 3. 等待

在多數情況下，對方會試著解釋或道歉，並且調整自己

的說法，如：「哦，天哪，當然不是，我的意思是……。」如果發生這種情況，恭喜，你已經避免把這些話當作對自己的攻擊，也可能避免了對這段關係造成不必要的傷害。

然而，如果對方來者不善，那就別管他們。用沉默回應他們，接著繼續過你的日子。

這些方法不僅適用於口頭對話，也適用於書面溝通。只要在電子郵件或訊息中寫上「你是有意讓這句話聽起來很冷淡嗎？」，就可以解決大多數措辭不當或思考不周的問題。

## 反擊蹩腳的道歉

對方知道自己搞砸了，你也知道他們搞砸了；但是，他們仍然不想真誠的道歉。

開口要求對方為他們傷害你的行為道歉，可能會讓你感到非常痛苦，甚至讓你更加難受，就像在傷口上撒鹽一樣。當對方不願意道歉時，感覺就像是在否定你的感受、你的經歷。這會加深彼此的分歧，因為缺乏真心的道歉會讓你受到的傷害得不到承認，也會讓問題離和解愈來愈遠。雙方遲遲無法修復關係，對彼此的信任和尊重也逐漸潰堤。

拒絕道歉和將藉口包裝成道歉並沒有什麼區別。而且，將藉口包裝成道歉甚至更糟糕，因為對方很清楚你的需求，卻選擇不去做。他們知道自己應該道歉，也知道自己可以道

歉，但是卻不願意道歉。這又回到害怕承認錯誤的恐懼。承認錯誤或承擔責任，會讓人覺得自尊受到打擊，不得不正視自己的缺點。對許多人來說，承認錯誤並道歉是很難辦到的一件事。

相信各位也有過類似的經驗。有時你不想說抱歉，你心想：「我才沒有感到抱歉，我沒做錯任何事。」你必須了解的是，如果你重視生命中的那個人，而對方的確受到了傷害，那麼拒絕道歉將對你們的關係有害。道歉真的會讓你付出代價嗎？是這樣嗎？即使你不完全同意自己有錯，道歉真的會讓你付出什麼代價嗎？

這裡指的並不是那些扮演受害者來操縱你、要求你道歉的人；那種情況另有其他對策。我指的是日常生活中「你傷害了我的感受」的對話。你可以說：「我現在還沒準備好道歉。我太沮喪了，需要先冷靜下來。」這就是真誠的溝通。但是，如果你因為不相信某人值得你道歉而拒絕道歉，那你就是在扮演法官和陪審團的角色。

沒有人可以告訴你應該怎麼想、又應該有什麼感受。

這就像是有人朝你的手臂打了一拳，然後告訴你這根本不會痛一樣。他們不能決定你的感受。雖然你無法強迫他人道歉，但你可以為自己站出來，讓對方知道你不會再接受糟糕、差勁的道歉。

糟糕的道歉有各種形式，但有些比較常見。以下是你最

有可能聽到、以前也肯定聽過的道歉方式：

## 缺乏同理心的道歉

這種道歉像是：「好吧，我很抱歉讓你有這種感覺。」

你可以這樣回應：「不要為我的感受道歉，為你所做的事道歉。」

這種道歉方式是在迴避所有責任。他們並非針對自己的不當行為道歉，而是將焦點轉移到你的反應上。所以，你的回應要將對話的重心轉移到恰當的地方，也就是對方的行為上。你傳達的訊息是：**不，這些是我的感受，我非常清楚；我會為我的感受負責，而你要為你的行為負責**。你強調的是，對方為你的感受而感到抱歉，並不是在為他們的行為道歉。他們不應該為你的感受而感到抱歉，而是應該為造成這些感受的行為道歉。

## 不是道歉的道歉

這種道歉像是：「如果我做錯了什麼事，我很抱歉。」或是：「如果我讓你不開心，我很抱歉。」

你可以這樣回應：「我需要你把『如果』拿掉。」

對方在道歉中加入「如果」，會讓道歉顯得有條件且不確定，好像他們的行為仍有待商榷。你的回應要引導他們移除這種有條件的用語。當你要求對方將句子中的「如果」拿

掉，就可以引導對方更直接的為自己的行為負責。這將道歉從假設性的情況轉換為承認實際造成的傷害。「我讓你不開心了，我很抱歉。」聽起來更真誠、更有意義。

## 帶著藉口的道歉

這種道歉像是：「我很抱歉，好嗎？我只是最近壓力太大了。」

你可以這樣回應：「你不需要為你的壓力道歉，我需要你為你所說的話道歉。」

這種道歉是將自己行為的責任轉嫁到外部的環境，例如工作、孩子或壓力。但是，你要明白，這都是發生在**他們身上**的事，並沒有發生在你身上。你不應該為此付出代價。

這樣的回應會削弱他們的藉口。並不是他們的壓力說出傷人的話，也不是他們的工作讓你感到難過。把責任歸屬重新退還給應該負責的人。

## 讓人不舒服的道歉

這種道歉像是：「我很抱歉，我真是個糟糕的人。」或是：「我很抱歉，你是如此完美。」

你可以這樣回應：「我願意接受道歉。」

這樣的道歉不僅讓人不舒服，還具有操控人心的特質。對方希望你會上鉤，他們希望會發生如下所列的場景：

媽媽：「我很抱歉，我是個糟糕的母親。」
你：「你並不是糟糕的母親，你只是必須明白……。」
媽媽：「是的，我很糟糕。你就是這麼想的。你總是試圖……。」

對方就像這樣將焦點逐漸遠離他們對你造成的傷害。會採取這類道歉方式的人，是將自己描繪成受害者，試圖博取同情，迫使你成為安慰者的角色。你的回應方式能幫助你脫離陷阱。這句話要展現出中立與克制的語氣，表明你願意接受哪些事、不願意接受哪些事。如果他們試圖再次對你說出讓人不舒服的道歉，你只需要重複這句話即可：「我願意接受道歉。」

### 試圖辯解的道歉

這種道歉像是：「我只是在開玩笑。」、「我只是在逗你。」或是：「我只是在鬧著玩。」

你可以這樣回應：「那就說得再有趣一點。」、「那就找找新的題材吧。」或是：「我沒有在開玩笑。」

這種道歉試圖用隱晦的方式來淡化自身行為的後果，並暗示他們的行為不應該被認真對待。這種道歉貶低你的真實感受，還暗指問題出在你身上：是你缺乏幽默感、是你太敏感、是你過度反應。這種回應方式可以反制這項策略，並清

楚表明幽默絕對不能當作傷人的理由。

## 停止插話

　　並非所有的插話都是壞事。也許對方很興奮，也許他們根本控制不了自己。在與朋友閒聊時或是在一般休閒娛樂場合中，打斷對方是常見且意料之內的事。這不是什麼問題。但是，如果你想展開嚴肅的對話、與對方促膝談心，或是在全公司的商務會議上發言，被人打斷可能令人惱火。

　　以下是阻止對方插話的方法。

### 步驟1：先讓對方打斷你

　　對方第一次打斷你的時候，讓他們說。

　　沒錯，就讓他們說。

　　但只有這一次。

　　允許對方第一次打斷你說話有兩個目的。

1. 對方的插話凸顯出你是更成熟、更理智的人。你比較不衝動，更深思熟慮。如果你太快回應「呃，不好意思，我還在說話」來打斷對方，可能會令人覺得你不近人情，這往往讓別人覺得你很嚴厲或沒有安全感。別忘了，自信的人知道如何選擇正確的時機。對方並

沒有從你身上奪走任何東西,他們打斷你的話,反而讓自己看起來很糟糕。別把對方的負面形象轉移到你的身上來。
2. 讓對方插話能促使他們把衝動的想法說出來。在這個階段,對方說的話主要是由情緒驅動,那就像是膝跳反射般的本能反應。如果他們必須在那一刻立即說出自己的想法,無論如何,他們都聽不進你接下來要說的話。你無法將水倒進一個已經裝滿的杯子裡,所以就讓他們說出來吧。

一旦對方講完自己的看法,你就回到自己被打斷之前還沒有說完的地方。不要回應他們的意見,不要岔開話題,重新組織你的句子。這會向對方發出訊號,表示你話還沒有說完,而且這個舉動不會破壞你的名聲,同時也展現你希望以完整的訊息跟對方溝通。

## 步驟2:叫對方的名字

你可以叫對方的名字來制止他們插話,名字能吸引對方的注意力。如果你以「嘿!」或「聽我說!」來打斷對方,他們會變得更加防備、態度封閉。但如果你叫對方的名字,即使語氣強硬或嚴厲,對方往往會保持開放的態度。

叫對方的名字也可以阻止他們強行主導對話,或是不等

別人說完就開口。先用正常音量叫對方的名字,如果這還無法制止他們,那就再重複一遍,同時加大音量。

## 步驟3:糾正對方的行為

在這個步驟,你必須使用由「我」為主導、而非由「你」為主導的陳述句,來堅定表達自己的立場;試想「你打斷我的話了」和「別打斷我的話!」之間的區別。以冷靜、沉著的方式採取下列回應:

- 「你打斷我的時候,我聽不見你說的話。」
- 「等我說完以後,我會聽你說。」
- 「我想聽你說。但我需要先說完我的想法。」

這些回應之所以有效,是因為它們不僅直接,還能讓你處於有利的位置,如果對方繼續不尊重你,只會突顯他們的不當意圖或行為。再次插話會讓他們的差勁行為攤在陽光底下,成為公然的違規行為。這代表他們不關心別人有沒有聽自己說話,他們其實沒有興趣和人對話,只想聽自己說話。多數人都不願意讓自己看起來那麼糟糕。

通常來說,當你遵循這些步驟之後,對方就不會在對話中再次打斷你了。只要讓對方第一次打斷你、你再冷靜叫他們的名字,並堅持你的立場,你就能創造對自己有利的權力

關係,同時維持你的聲譽。

想像一下,以下是你和同事艾力克斯之間的談話:

你:「目前專案時程表的主要問題是⋯⋯。」
同事:「聽我說,無論有沒有時程表,我們一直都是這樣做事的,好嗎?我的意思是,如果由我決定,我們早就可以完成這項計畫,根本不需要管理階層的意見⋯⋯。」

你什麼都沒說,讓艾力克斯說完,同時控制自己的呼吸、保持鎮定。

同事:「⋯⋯我知道你跟我的看法不同,但我很清楚我的貢獻可以提供價值。」
你:「目前專案時程表的主要問題是沒有將新的核定預算納入考量,這可能會拖累⋯⋯。」
同事:「不會的。我以前見過這種情況,好嗎?之前⋯⋯。」
你:「艾力克斯。」

艾力克斯頓了一下。

你：「你打斷我的時候，我聽不見你說的話。讓我把話說完。」

艾力克斯點了點頭，表示輪到你說話了。

這個方法讓彼此能夠互相尊重。試想一下，假如在第一次被打斷時，你就憤怒說道：「我在說話！」這麼做，你就會失去主導權，因為現在是你顯得更情緒化、更需要關注。其他諷刺性的說法，像是「我的話才說到一半，是不是妨礙到你發表高見了？」看似很酷，但只會令你失去尊重，讓人不太想聽你說話。你應該使用堅定表達的語氣來阻止對方插話，透過克制的回應來維持尊重。

## 表達不同意見的好方法

堅定的語言有一項重要用途，就是用來表達不同的意見，為自己爭取權益。但是，表達異議時，你的說話內容與說話方式可能讓你聽起來態度堅定，也可能讓你聽起來沒有安全感。我們很容易用糟糕的方式表達反對意見，像是「不可能！」或「才不是！」，所以，想要有效提出不同意見實則困難得多。

處理分歧的方法又回到本書的核心主題：贏得爭論往往

會讓你失去更多。你可以不同意他人的觀點，但不必試著贏得爭論，或是使出王牌壓制對方。提出不同的意見就是為自己挺身而出，但是以犧牲他人的發言作為代價，逼迫對方接受自己的意見，就是在用居高臨下的態度來壓迫別人。

以下是一些進階的技巧，能夠提升你的能力，讓你在表達不同意見時，不致於失去自己的地位或奪取他人的地位。下次你需要表達不同意見時，可以試試下列方法。

## 運用「這值得嗎？」作為判斷標準

有時候，你覺得對方是刻意想找你吵架。那種感覺就像是對方想把你吸入漩渦，你說的每件事都會被扭曲、被斷章取義，或是被反轉，讓你不得不同意他們的看法。你們爭執的主題也許是政治，也許是宗教，也許是毛巾應該怎麼折才對；老實說，你應該別管最後一個。重點是，別讓對方把你逼入絕境，或是讓你感覺怎麼做都徒勞無功。

在情況急遽惡化之前，快速運用「這值得嗎？」作為判斷標準。你可以問問自己：「這是我們必須達成共識的事情嗎？」

舉例來說：

伴侶：「我想把洗衣精換成這個牌子，我在電視上看過這個廣告。你覺得怎麼樣？」

你：「不要吧。我喜歡現在用的那個牌子。」

伴侶：「但是那個牌子的洗衣精據說更環保，對環境更友善。」

你：「我明白，我只是不確定它會比我們現在用的效果更好。」

伴侶：「為什麼非得由你拿主意，否則你總是不願意配合？」

你：「這是我們必須達成共識的事情嗎？」

伴侶：「不，我想你說得對。」

這個問題立刻迫使對方評估對話的優先順序。這項技巧特別適用於九成九的爭論上，也就是那些無關緊要的事情。如果你發現自己與對方在日常瑣事上，或是針對一些不太可能發生的事情意見有所分歧，請使用「這值得嗎？」作為判斷標準。

當然，對方或許希望你同意他們的看法。但是，你必須同意嗎？答案通常是否定的。

如果答案是肯定的，請運用下一個判斷標準：「這是我們現在必須達成共識的事情嗎？」舉例來說：

你：「這是我們必須達成共識的事情嗎？」

伴侶：「我的意思是，對啊，我認為我們應該這麼做。」

你：「這是我們現在必須達成共識的事情嗎？」

伴侶：「哦，不，我想不是。我們可以先試試看，然後再做決定。」

這個問題會迫使對方評估對話的時機。在親密關係中，爭論一些永遠不會發生的事情是很常見的狀況。你們爭論的是「假如」和「如果」的問題。當你詢問對方是否有必要立刻達成共識，就是提出延遲決定的可能性，直到獲取更多資訊，或雙方都準備好解決問題為止。請求延遲決定是迅速化解衝突的方法，能讓對話聚焦在當下真正重要的事情上。

## 善用你的立場

當你回應「我不同意」的時候，這種表達方式很直接。然而在許多情況下，這樣說太直接了。一句「我不同意」或許會讓你陷入一連串來來回回的爭論，可能導致情況出現不必要的惡化。這是因為當你說「我不同意」時，對方聽到的是「你錯了」，可能因而點燃由社會評價或能力所觸發的心理性誘因。

儘管有時候他們真的錯了，就像他們試圖說服你天空是綠色的一樣錯得離譜。但我指的不是這個。我的意思是，「我不同意」這句話雖然直接（這是好事），但可能會為你製造更多麻煩，因為這種表達方式會讓對方感覺遭到否定，並

產生防衛心理（這並不是好事）。即使你說「我尊重你，但我不同意」，這句話也沒有任何尊重的意思，而且對方也很清楚，因為他們可以感覺得到。

相對的，你可以選擇採用用來表達「觀點」而非「判斷」的語句。也就是說，你可以從特定立場的角度來表達個人意見，而不是直截了當的否定對方。這種策略能為對話開闢空間，而不是創造對立。為了有效運用你的立場，你可以嘗試下列三種表達方式：

1.「我有不同的看法。」

一旦你將回應定位為觀點上的差異時，就像是告訴別人從你的視角看見的景象一樣。如同將鏡頭拉遠，你的觀點擴大了彼此的觀察視角。請注意「你錯了」和「從我的角度來看，看到的是不同的東西」之間的差別。「看到不一樣的東西」讓你的回應變成分享見解，而不是爭論事實。這種回應方式適用於下列情況：

- 對方試圖強迫你接受一體適用的解決方案。
- 你需要介紹不一樣的觀點或說明背景。
- 對方忽略你認為更重要或沒那麼重要的層面。

## 2.「我採取另一種方法。」

這種回應方式指出，雖然彼此的方法不同，但目標相同。你們得到的結果一樣，只是呈現觀點的方法不同而已。在抵達目標的過程中，有些路線很直接，也有些路線風光明媚。每條路線各有各的優點，都能讓你到達想去的地方。這種回應方式的好處是，能讓雙方聚焦在最終目標上，強調合作而非衝突。無論是為了家庭、公司或國家，你們都希望達成最好的結果，而你只是採取了不同的方法。這種回應方式適用於下列情況：

- 你們對於達成共同目標的「最佳方案」意見分歧。
- 對方的方法或計畫未能考慮其他因素。
- 對方執意以特定方式行事。

## 3.「我傾向採取相反的做法。」

以歷史與經驗作為後盾，你就能在表達自己的觀點時找到定錨點或立論基礎。這種回應方式並不是要挑戰對方，例如跟對方說「我不同意你的觀點」，而是仰賴你過去通常的做法、你的偏好，或是你的思考模式。從偏好的角度出發，可以讓雙方的立場不致於變得對立。相較於迅速反駁對方，你提出的是自己平常會採取的做法，這種表達方式往往讓對方更容易接受。這種回應適用於下列情況：

- 對方的立場與你的價值觀衝突。
- 你需要表達你對這個主題具備的經驗。
- 你從客觀證據中得到不同的結論。

知道如何以正確的方式表達不同意見，能讓你成為在現場顯得更冷靜、更能控制自己的人。上述表達方式有助於延續對話，而不是結束對話。但是，如果對方堅持不讓步，還持續反駁你該怎麼辦？這時你只需要不斷重複這些語句即可。對方就會明白：你不是那種好欺負的人。

面對難以溝通的人時，你不必參與他們的遊戲。你可以拒絕讓糟糕的道歉、不斷的插話以及尋求爭論的行為破壞你的自信心。當你堅守立場，以堅定表達的語氣說話，拒絕讓對方得到想要的多巴胺刺激時，你就能占據有利的位置。

## 本章小結

- 堅守立場並為自己發聲是愛護自己的表現。
- 要回應傷人或冒犯人的言論，關鍵在於拒絕滿足他們對多巴胺的索求。
- 運用延遲回答的策略，來阻止多巴胺飆升帶來的即時獎勵，例如延長停頓時間、緩慢重複對方說的話，或是詢問對方的意圖。
- 要堅決反對糟糕的道歉、不斷的插話以及尋求爭論的行為，解決之道是點出這些行為，並使用簡潔、堅定的表達方式。
- 一旦你拒絕向他人的不良溝通習慣低頭，就能占據有利的位置，並且維持信譽。

# 第九章
# 設定界線

　　你不必聽其他人的故事也能理解本章內容。

　　說「不」非常難。

　　在你年輕的時候，說「不」並沒有什麼問題。但是當你年紀漸長，你會發現說「不」伴隨著代價。對同儕壓力說「不」，會讓你感覺被排除在外；對父母或老師說「不」，會讓你受到懲罰或管教；對某些活動說「不」，會讓你覺得自己似乎不太對勁，或是不討別人喜歡。

　　為了維持表面上的和平，你選擇逆來順受、妥協、取悅他人，卻以自己的內心平靜作為代價。你把他人的舒適和欲望置於自己的福祉之上，卻往往犧牲自己真正想要的東西。久而久之，這就形成一種模式：過度承諾、壓力累積、產生怨恨，如此循環下去。

　　學會說「不」不僅能幫助你重新找回做決定的權力，尊重自己的需求，也讓你重新體驗如孩子般的自由，可以毫無畏懼的做出選擇。

　　你將重新認識到，你可以優先注重自己的福祉、以尊重

自己和周遭世界的方式說出需要說的話。當你這樣做時，會發現自己變得更健康、更快樂，也能更真實的展現自我。

讓我們先從小事開始吧，交給我。

叮！

你在筆電螢幕的角落，看到來自同事的訊息通知。

「嘿！明天想去新開的那間咖啡廳坐坐嗎？我需要補充咖啡因，哈哈！」

天啊。

你的第一個反應是想拒絕對方。並不是因為你不喜歡這個人，畢竟他人真的很好。但你只把他當作工作上的朋友，而不是「真正的」朋友。實際上，他更像是經常見面的熟人。而且，你也不一定想花一個小時跟對方閒聊，尤其是你已經有很多事情要做了。

你面臨三個選擇：

A. 接受
B. 拒絕
C. 忽略

你和我都很清楚你想選 C。實際上，我敢打賭你已經忽略了這則訊息，並且將視窗縮到最小。

沒錯，忽略對方確實有效，但這種方法有問題。在對方

察覺到你在迴避他之前,你能忽略的次數有限。一旦你達到次數限制時,對方就會開始猜測你迴避他的原因,而對方的猜測往往會比你原先說「不」的理由還要糟糕。況且,這麼做也是在逃避。當然,你可以等到明天在辦公室見到同事時再說,或是回覆對方:「哦,抱歉!我完全漏看訊息了!可惡,本來很想去的。」拜託。你這招能用幾次?這樣做既不尊重同事,也不尊重自己。

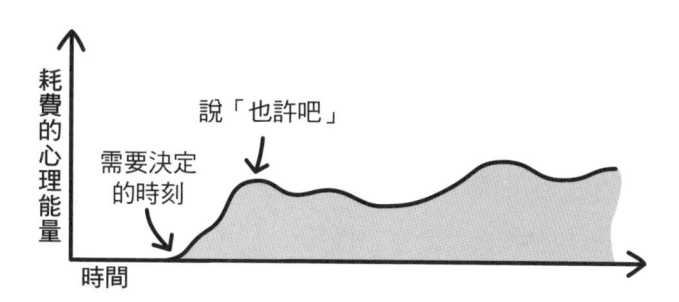

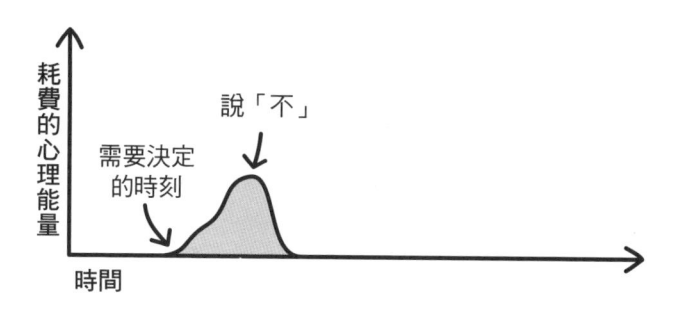

忽略不是個好方法還有另一個原因：這個決定仍然占據你的心理空間，在你的腦袋裡揮之不去。每當你看到那則未讀訊息，每當那個念頭掠過你的腦海，你都能感受到那股懸而未決的重量（無論問題再怎麼微不足道）。忽略它並不會讓它消失，反而只會延長決定的時間，導致雙方必須額外再討論與對話。同事會詢問你下次有空的時間，讓你再度陷入兩難。結果你浪費更多時間，還承受了更多壓力。

　　當你收到不想接受的邀請時，無論是跟你不喜歡的那對情侶共進晚餐、你想留在家裡時對方卻邀請你外出，或是邀請你參加你不感興趣的小旅行，你都不是在與對方協商。

　　你是在跟自己協商。

　　你的心靈平靜不容妥協，即使對方是你也不能讓步半分。自信就意味著如果你想接受，你就接受。如果你不想接受，那就不必接受。

　　你會如何拒絕同事的邀請？我猜你會這樣回覆：「嘿！謝謝邀請，但我不能去。我現在超忙。抱歉！」

　　你對這樣的回應有什麼感覺？這種回應聽起來真誠嗎？令人感覺舒服嗎？答案可能都是否定的。

　　你可以像這樣調整回應。如果你讀過第七章，就知道要去除不必要的道歉和不由自主的解釋。在這之後，剩下的句子會是：「謝謝邀請，但我不能去。我現在超忙。抱歉！」

　　如果拆解這句回覆，會發現其中有兩項元素。首先是

「感謝」（謝謝邀請），接著是「拒絕」（但我不能去）。

像這樣以感謝開頭、以拒絕結尾的表達順序有個問題，那就是你很容易在句尾加上理由或藉口。例如：「謝謝邀請，但我不能去……**因為**我有事情要處理，我太忙了，而且……。」

另一個問題是，這種表達順序會讓對方想要追問原因，或進一步探詢理由，因為當你以「但我不能去」結尾時，對方會覺得你在期待他們表示關心和回應，像是：「哦，真糟糕，為什麼不能去呢？」，或是：「怎麼了？」這種表達順序還會帶來一個很大的問題是，促使你使用「但是」這個詞，像是：「謝謝你，但是……。」這個「但是」會削弱你先前所表達的感謝之情。

其實，還有一個更好的方法。想藉由拒絕簡單的邀請和社交邀約來建立自信，你可以嘗試下列三個步驟：

**步驟1：說「不」。**
- 「我不能去。」
- 「我沒辦法參加。」
- 「我必須說不／我必須婉拒這個機會。」
- 「我向自己承諾……。」

**步驟 2：表示感謝。**

- 「謝謝你邀請我／給我這個機會／想到我。」
- 「你人真好／這對我意義重大。」
- 「我很感謝你邀請我。」
- 「我受寵若驚／倍感榮幸。」

**步驟 3：展現善意。**

- 「聽起來會是很美好的時光！」
- 「希望一切都好！／我知道那一定會很棒！」
- 「我聽說⋯⋯很不錯。」
- 「希望你一切順利！」

這個表達順序之所以有效，有幾個原因。

首先，你以「不」開頭，因為這麼說非常直截了當，直接的表達就是善意的表現。

其次，你在拒絕之後表達感謝，這既承認對方行為的價值，也回報對方的用心。先說「不」，再表達感謝，你就不必在回應當中使用「但是」這個詞。

最後，以善意的話語結尾，讓對話在愉快的氣氛中劃下句點，這樣不會引來對方追問「為什麼不呢？」，反而會收到「不客氣！」或「我們會想念你的！」這類回應。特別是在文字或書面溝通中，你可以在適當的時機使用表情符號，

讓讀的人更清楚掌握你想傳達的情緒。

因此,請再次拿出你想像中的筆電,看一下同事邀請你喝咖啡的訊息。這次,你沒有移除通知或忽略訊息,而是回覆對方:

「我不能去,謝謝你的邀請。我聽說這家店不錯!」

這種乾淨利落、充滿自信的回覆很少會引發異議或反彈。你可以比較上述回覆和更尷尬的回應「謝謝邀請,但我不能去。」之間的差異。

嚴正警告:如果對方仍然要求你提供理由、解釋,或是拒絕邀情的原因,也不要屈服。除非對方是你喜愛且信任的人,而且你覺得可以完全開誠布公,否則不要屈服。如果你覺得有必要回覆對方,只需要重複先前拒絕對方的回應即可。在喝咖啡的情境中,如果同事回訊息問:「為什麼不去?」,你可以重複先前拒絕對方的回應:「我不能去。」這時候,你的回覆會顯得更冷淡,因為你確實不需要為自己的選擇找藉口或理由。

「不」就是充分的理由;「不」就是一個完整的句子。

接納失望的感覺。克服它們,接受它們,不要犧牲你的自信。這是重新掌控自身需求、找回自由的過程。要記住,當你覺得自己讓對方失望時,通常有98%的情況是自尊心在

作祟,只有2%的情況是事實。也就是說,你之所以感到失望,其實是你在說服自己,你的存在極為重要,要是你拒絕,對方就會崩潰。你在他們的快樂時光中扮演著如此關鍵的角色,以致於對方沒有足夠的情感韌性來面對你的拒絕。

但是,我們其實並沒有那麼重要。這時請你深呼吸,繼續向前邁進。當你為自己挺身而出時,讓對方失望往往代表你做了正確的決定。

但是,對於那些更困難的對話,像是讓你感到不舒服的評論或問題呢?那些有問題或善於操縱的人問的問題呢?或者是那些對你要求太多的問題?

你應該如何拒絕他們?

## 如何劃出界線

你可能聽過界線,因為它與自重或自尊有關。雖然你可能對這個主題很熟悉,但是要有效劃出界線,需要特殊的技巧。這不僅僅是設定界限的問題,而是如何堅定向對方傳達這些界限的存在。相較之下,拒絕社交邀約可能只是關上一扇門,劃定界線則像是建造一座堡壘,外面圍著護城河。

### 定義邊界

通常來說,你會聽到人們用「劃清界線」或「越界」來

指涉個人的界線。但這只是半吊子的描述。「界線」並不是一條線而已，而是一個邊界。你可以想像一個圓形或矩形，它沒有終點，也沒有起點。這個區域完全封閉，創造出一個獨特且專屬於擁有者的明確空間。當你開車穿過社區或鄉間的道路，經常會看到圍欄。圍欄很重要，它告訴你這塊土地屬於某人，那個人很重視圍欄內的東西。圍欄是阻止人們進入的力量，也是一種警告，讓人們知道什麼樣的程度算是越界，它從視覺上傳達出空間的限制。個人界線的運作方式也大致相同。

　　劃定界線要從對你而言重要的事物開始。你的界線會讓外界了解你的價值觀，也就是你內心深處重視的東西。或許是你的健康、你的家庭、你的職業、你的幸福，或是你的自尊。這些都是你生命中值得守護的事物。

　　舉例來說，假設你的首要考量是家庭。這不是界線，而是你的**價值觀**。就像你選擇不出席某項社交活動，是因為不想錯過晚安禱告和哄孩子入睡的時光，這時你就向外界展現了你的價值觀。就像你婉拒一份工作機會，以免與伴侶長時間分離。就像那道圍欄，你劃出了明確的界線。

　　或許你的首要考量是個人的心理健康。一旦你拒絕參加那個總是讓你感覺自己很糟的家庭聚會，或是跟那個總是消耗你的情感能量的朋友分道揚鑣時，其他人就會注意到你正在建立的「圍欄」。

你的行為和選擇為你所重視的事物設定了界線；你的行為和選擇讓別人知道對你而言什麼事才重要。除非你開始刻意的做出選擇，讓別人清楚知道**他們不能越界**，你對家庭或個人心理健康的重視才會形成界線。建立自信的過程包含成為自己的守門人，守護你的自尊。你必須讓對方知道什麼事可以做，什麼事不能做。

　　設定界線的好處不計其數。界線是你建立健康人際關係、誠實溝通以及維護自尊的基礎。透過設定界線，你不僅能夠保護自己的情緒和心理健康，也能夠讓他人理解並尊重你的需求和界限。設定界線還可以幫助你避免精疲力竭和怨恨，[1] 確保你不會超出負荷，讓你能夠將時間和精力分配給真正重要的事物。界線能讓你做出符合自己價值觀和優先順序的選擇，促進你的自由和自主。設定界線也是照顧自己的表現：你能夠為自己站出來，守護自身的平靜。隨著你愈來愈習慣設定界線，你會發現自己更能夠掌控生活，並且用更堅定的態度與他人互動，同時在過程中逐漸建立自信心。

## 制訂你的操作手冊

　　我想請你回想一下，你是否曾經覺得某人對你的說話方式讓你感覺很渺小？或許是跟前男友吵架時，或是與上司爭執的時候。在那個時刻，你覺得自己任人擺布、不像自己，也沒有任何界線能夠幫助你。

請仔細回想當時的感覺。如果我猜得沒錯，你並沒有感覺自己擁有強大、能控制當下狀況的感受。反而覺得被逼到角落、無力反抗，不斷對眼前的威脅做出反應。就好像你的自主權被奪走了，彷彿有人拿著遙控器控制你的情緒，按下按鈕激起你的反應，不經你的同意就任意切換頻道，讓你眼睜睜看著自己正痛苦不已的劇情上演。

與其把情緒的遙控器交給別人，任由他人隨意按下按鈕，掌握所有的控制權，不如把你的操作手冊提供給別人。這會是一份自動拒絕的清單。這本手冊能讓別人了解你的界線，詳細指導對方你是怎麼運作的。你可以想像成是在解釋一種新的紙牌遊戲規則，你提供規則和指示，讓事情得以順利進行。以下是兩者的差異：

- 當對方掌握遙控器時，你大喊：「別對我大吼大叫！」
- 當你提供操作手冊時，你會說：「我不會對這種音量做出反應。」

- 當對方掌握遙控器時，你大吼：「你不能這樣對我說話！」
- 當你提供操作手冊時，你會說：「我不接受你這樣對我說話。」

一種說法是：**我沒有控制權**；另一種說法則是：**控制權在我手上。**

　　制訂操作手冊不只是為了別人，也是為了你自己。這套做法還引出一個好問題：你知道自己的操作手冊上寫了什麼嗎？你很有可能不知道。如果連**你**都不知道，其他人又怎麼會知道呢？解決這個問題的方法，就是列出一份編號清單，寫下一系列的指示，說明你在接下來的對話中將如何與對方溝通。請用完整的句子寫下來，完成你的操作手冊。你需要知道自己會對什麼樣的情況說「不」，以及什麼事情絕不能跨越你的界線。例如：

- 「我不會回應不尊重人的行為。」
- 「我不會讓別人指示或決定我的感受。」
- 「在我準備好之前，我不參與對話。」
- 「我不會將我的直覺視為無關緊要。」
- 「我不會為了滿足他人而犧牲自己的平靜。」
- 「我不會說人閒話或詆毀他人。」

　　你會發現，寫下這些原則可以帶給你安心感。只要遵循你的操作手冊，下次有人侮辱你、阻止你發言，或是故意曲解你說的話的時候，你會更有自信的堅守立場。要是下次有人說：「你根本不在乎我的意見，你只在乎你自己」，你會感

覺自己擁有足夠的力量,能夠冷靜回應對方:「這由我來決定。」你正在用對自己有利的方式,來取代他人影響你情緒的能力。

## 落實界線

一旦你知道自己需要保護的價值觀,也制訂好你的操作手冊,就是時候落實界線了。這意味著站出來告訴對方,他們踩到你的界線,而且最重要的是,告訴對方他們再也無法更進一步了。以下是堅守你的界線的方法:

### 1. 從界線開始

就像你在第八章學到,要以「我」來開頭,接著說明你的界線。使用「我」可以清楚表明這是你的界線、你的選擇。如果你做過功課,這部分應該最容易執行。根據你的價值觀,你可以這樣表達:

- 我不接受你這樣對待我。
- 我不在週末工作。
- 我不喝酒。

請記住,描述界線時不一定是用「我不」來開頭。你也可以採用不同的方式來重新引導對話、重新設定焦點,並清

楚表明你對建設性溝通的興趣。根據我個人的經驗，以下是不錯的幾項原則：

- **告訴對方你為什麼想跟他們談談**。當對方提出不相關的問題，或是試圖轉移焦點時，請回歸正題。這是表達你重視當下的界線，如：
「我想跟你談談是因為你對我很重要。」

- **告訴對方你想要談些什麼**。如果對方提起過去的問題，或是攻擊你的人格，請調整對話的焦點。這是表達你著重在目的上的界線，如：
「我是來談談你上週五對我說的話。」

- **告訴對方你不打算隨之起舞**。當對方說了離譜的話，或是試圖引起你的情緒反應時，態度要堅決。這是表達你保持正直的界線，如：
「我不會在這個話題上跟你糾纏。」

一旦你堅守界線，一切就無須多言。別試著為自己辯解或解釋。現在你已經把球丟給對方，輪到他們來決定是否要尊重你的界線。

## 2. 加上後果

如果對方已經明確表示他們不打算尊重你的界線,那就加上後果。萬一對方執意要跨越你的界線,後果就自行負責。這個應對方法包含兩個步驟。

- 第一個是條件:「如果你繼續……。」
- 第二個是實際行動:「我就會……。」正如第七章提到,這種表達方式能創造自信,但這次你可以藉此落實你的界線。

加上後果之後的表達方式如下:

- 「我不接受你這樣對待我。如果你繼續這樣對我,我就會結束這次的對話。」
- 「我不在週末工作。如果你繼續把工作排在週末,我就會尋找能讓我陪伴家人的地方。」
- 「我不喝酒。如果你繼續逼迫我喝酒,我就會離開。」

## 3. 徹底執行

這部分最困難。如果你提出後果,就必須言出必行。堅定表達自我就是告訴對方你要做什麼,然後照做。這代表如果對方持續忽視你的界線,你就會結束對話;你就會開始找

另一份工作；你就會離開派對，去找能尊重你選擇的朋友。你是在告訴對方，你說的話是認真的，而且你會確實照做。你不能輕易讓步。無論對方口中冒出什麼樣的情緒反應，你都不能讓他們誘使你展開對話，拋下先前設定的界線。言行一致非常重要。

## 設定界線將如何改變你的人際關係

　　一旦你開始設定並落實界線，有些事情就必須知道。並不是每個人都喜歡你這麼做，有些人甚至討厭你這麼做。但他們仍然會因此尊重你。

　　界線可以替你篩選身邊的人，你會知道哪些人跟你在一起並不是因為欣賞你，而是因為他們需要你符合特定角色的作用。即使是親近的朋友、甚至家人也可能如此；有些人更喜歡沒有界線的你。在這個時刻，你可以好好觀察，誰會站在你這邊、誰才是你真正的朋友。真正愛你的人會支持你，那些因為你的付出才愛你的人會反對你，而批評你設下界線的人，只不過是因為失去先前的特別待遇才會這樣反應。就像他們以前可以插隊，現在卻必須像其他人一樣乖乖等待。

　　他們對你的界線感到不舒服，並不表示你的界線有問題，而是代表你的界線發揮了作用。

　　你應該抱持這樣的想法：「不，我**不必**跟你解釋這一

點。我的底線不是為了讓你感到舒適而設定,是為了我自己而設定。」

有些人一開始無法理解,但沒關係。給他們一些時間適應變化。這將是你的人際關係接受考驗並重新調整的時期。

小提醒:你也不希望成為設下太多界線的人。設立太多界線可能會讓你逃避責任,像是拒絕基本的合作或合理的要求。界線不是萬能的藉口,它無法為不良行為開脫,也不能免除你的責任。太多界線可能會產生反效果,所以要為你人生中真正珍視的事物劃下界線。

界線是保衛你幸福的守門人。界線會強化你的選擇,讓你認同的人事物順利進入你的生活,同時嚴格阻擋對你無益的人事物接近。因此,請確保你的守門人既大膽又顯眼。想想你腦海中浮現的那個人,你知道自己必須跟他談**那件事**。你需要劃出什麼樣的界線?你需要設定什麼樣的後果?你要如何向自己承諾你會徹底執行?

一旦你花時間思考這些問題,就會投注更多時間在讓你感到充實的人際關係,而不是讓你筋疲力竭的人際關係上。

## 本章小結

- 「不」是一個完整的句子。
- 當你學習接受說「不」的後果,你就能克服說「不」的恐懼。學會坦然面對讓人失望的感覺,並相信對方的情感韌性比你想像得更強大。
- 你的行為和選擇為你重視的事物設定了界線。如果你想知道某人重視的事物,看看他的界線在哪裡。
- 給予他人與你溝通的操作手冊,而不是將遙控器交給對方。明確告訴對方你的界線在哪裡。
- 如果你的界線讓他人感到不舒服,並不表示你的界線有問題,而是代表你的界線發揮了作用。

法則三
# 說話是為了建立連結

# 第十章
# 建立對話框架

我還記得媽媽第一次帶我在開學前買新網球鞋的情景。我們走進帕克代爾購物中心（Parkdale Mall），經過美食廣場，繞過轉角，這時我看見一間很大的店面，上頭的紅色霓虹燈招牌寫著 Foot Locker。我興奮極了。我已經在腦海中計劃好要買什麼樣的鞋子。這雙鞋要讓我跳得高，所以當然要有厚厚的氣墊。這雙鞋也要讓我跑得快，所以不能太笨重。而且，這雙鞋必須看起來很酷。

我們走進商店時，我目瞪口呆。店裡有成千上萬的鞋子。每一雙看起來都能讓我跳得高又跑得快，每一雙都看起來很酷。

我可憐的媽媽。我試穿過一雙又一雙的鞋子，快把她和有耐心的店員給逼瘋了。每一次她都會用拇指按壓我的大腳趾，檢查鞋子合不合腳。（每個人的媽媽都會這樣嗎？）每一次她都會叫我走到商店的另一頭再走回來。店裡有太多選擇，令人不知所措。我花了很長的時間試穿鞋子。

最後，她終於受夠了。她走到貨架旁，拿來兩雙不同的

鞋子，轉身對我說：「選一雙吧。」

「什麼？那其他的鞋怎麼辦？」我問。

「不，」她說，搖了搖頭，給我那個不容置喙眼神。「選一雙吧。」

我選了我人生中的第一雙 Nike Shox，它正是我試穿的第一雙鞋。

我的媽媽相當聰明，她很清楚：更少的選擇可以帶來更好的結果。[1]

對話也是一樣的道理。如果對話沒有目標，就會覺得好像什麼都沒談到。相反的，如果對話的目標太多，還是會讓人覺得好像什麼都沒談到。對了，我指的不是日常的閒聊，不是與朋友或同事敘舊的談話，也不是每天晚上與伴侶回顧一天生活的對話。我指的是需要達成特定目標的對話，而這個目標就是：建立連結。一旦你限制對話的走向，你就能讓自己和對方更容易在對話中建立連結，並且達成共識。

我不能保證這項策略會讓你跑得更快，或是跳得更高。

但是，我可以保證它絕對有效。

## 什麼是對話框架？

為了與對方建立明確的連結，你必須為對話建立框架。就像畫框可以設定邊界並突顯藝術作品一樣，對話框架可以

避免離題,並將雙方的注意力集中在對話的主題上。

設定框架可以確保對方在對話中的選擇比較少。框架能限縮討論的焦點。有了框架,你們就不必猜測對話的原因、內容,或是對話的終點。你告訴對方你的需求和期望,創造出「意見一致」的心態,就像用同一張樂譜演奏樂器一樣。你們都知道要演奏的曲目、音符以及拍號。

你也可以明確讓對方知道,離題或不相關的問題不在討論範圍之內。因為你們的框架建立了遊戲規則,偏離正軌的機會也比較少。

少了框架,就會產生各式各樣的爭論,無法聚焦在特定的主題,就像是在整牆的貨架上尋找那雙完美的新鞋一樣。這時爭論的主題會持續變化、舊話重提,或是離對話的起點愈來愈遠。這就是為什麼在對話的開頭和結尾,你們有可能談論的是完全不同的事情。如果你的對話主題變得鬆散,你的框架就是負責驅趕羊群的牧羊犬。

一旦在沒有框架的情況下展開討論,可能會出現各式各樣無濟於事的結果:

- 主題無窮無盡延伸,對話會拖得更久。
- 你說得愈久,你的話就愈容易被曲解、混淆和誤解。
- 對話結束時,你會感覺沒有任何進展,或者更糟的是,一切反而倒退了兩步。

沒有方向的對話絕對會讓人迷失。含糊不清的對話開場白像是「嘿,可以談談嗎?總之,還記得幾個月前⋯⋯。」或「我要告訴你一件事。這可能沒什麼,但是⋯⋯。」這種說法不僅毫無幫助,甚至可能造成更大的傷害,因為這種表達方式是在漫無目的的開啟對話。

很多時候,你在開口之後才弄清楚自己想說什麼。你很擅長起飛,也就是發起討論,但是你不知道如何降落。因此你會反覆掙扎、繞圈子說話,直到最後才發現自己想說的是什麼。等到十分鐘的獨白接近尾聲,你才終於說出:「我說這些是想表達⋯⋯。」

但那通常為時已晚,你也失去建立連結的機會。

你在對話中累積的話題、元素或主題愈多,對話會變得愈吃重,也就愈不可能取得進展。當對話一開始就缺少明確的框架或目的地,對方很快就會感到疲倦。你花愈長的時間傳達自己的觀點,就愈容易耗損對方逐漸消減的注意力。最終你會完全失去他們的注意力和興趣。

如果你曾經聽過有人用下列問題回應你,表示你可能沒有為對話設定框架:

- 「所以,你不想去派對?」(但你其實想去。)
- 「你的重點是什麼?」(但你以為自己早就已經說得很清楚了。)

- 「你想要我做什麼事？」（但你根本沒有想讓對方做任何事。）

　　這類問題通常會讓你忍不住大喊：「你沒有抓到重點！」或是：「你沒有在聽我說話！」但是，你應該問自己：我有沒有讓對方能輕易抓到我的重點？我有沒有為我說的話設定框架，並力求清晰、簡潔？還是我在強迫聽我說話的人得大海撈針？

　　模糊的對話範圍讓對方不得不當起偵探，這或許會讓人十分沮喪。他們聽著你滔滔不絕、說話繞來繞去，同時疑惑這段對話究竟會怎麼發展。對方可能完全不知道這個主題從何而來、內容是什麼，也不清楚你到底想請他們做些什麼。這些得不到解答的問題，會激發最糟糕的心理性誘因：對未知的恐懼。

　　對未知的恐懼會在你們的對話中注入一股焦慮感，尤其是在對話缺乏明確方向時，最有可能立刻預設最壞情況的那些人，又更容易感到焦慮。失落感也是一種誘因，因為對方害怕自己做錯了什麼事，或是害怕你想切斷這段關係。

　　這些恐懼會加速對方開啟點火階段，引發過度的情緒反應或攻擊行為，像是大喊：「我不知道你想要什麼！」或是讓你不得不問他們：「你為什麼這麼生氣？我只不過是想跟你聊聊！」

問題就出在你沒有定義對話範圍。對方在不知道你為什麼提起這個話題的情況下，會感到措手不及，一心想著對話會如何結束，或是擔心會出現糟糕的結果。你們雙方沒有理解、沒有認同，當然也不存在任何的連結。

現在，請記住，你也必須了解框架**並非**無所不能。在對話中加入框架並不代表：

- 你可以主宰對話，還不讓對方發表意見或表達顧慮。
- 對方不得提出異議或是為自己辯護。
- 你的框架對他們而言公平無私。
- 你可以隨心所欲偏離框架。
- 只有你能說出自己的想法。

你的對話框架應該適用於你，也適用於對方。這套框架讓你和對方都清楚知道，應該期待什麼樣的結果，不僅目的明確，也避免誤解。你可以把建立對話框架想像成繪製對話地圖。如果你希望對方跟你一起從 A 點抵達 B 點，就必須告訴對方你的目的地在哪裡，並消除他們在抵達目的地之前可能產生的焦慮不安。

# 如何建立對話框架

在你展開下一次對話前,請先為對話建立框架。別因為對方說了你不愛聽的話,才試著要建立框架。這麼做並不公平。請從一開始就建立好對話框架。建立對話框架的步驟如下,我還附上範例,讓你能確切了解實際的對話框架。

## 1. 設定方向

首先,明確告訴對方你想談論的內容。你說的話應該配合你的對話目標和價值觀。例如:

- 「我想跟你談談你在昨天會議上的發言。」
- 「我想談論期望的薪資。」
- 「我需要討論週二下午的計畫。」
- 「我想跟你聊聊我的私人問題。」

## 2. 表明意圖

接下來,告訴對方你希望對話如何結束。你表達自己預設的結果,並確立對話的方向。請詳細說明你在對話結束後希望得到的感受,盡可能具體的表達。為了幫助你表明意圖,你可以想像自己用「對話結束後……」為句子開頭:

- 「……我希望我們雙方能夠建立起更穩固的工作關係。」
- 「……我希望我們仍然尊重彼此。」
- 「……我想讓你聽見我的心聲,但你不必覺得需要幫我解決問題。」
- 「……我想讓你知道我仍然愛你,我想和你在一起。」

## 3. 取得對方的承諾

建立框架的最後一步,是要確保對方同意和你談話。舉例來說:

- 「這樣可以嗎?」
- 「我們都同意這麼做嗎?」
- 「這對你來說可行嗎?」

現在讓我們看看這三個步驟的實際應用。

假設你在辦公室休息區的私人空間與同事交談。如果你運用建立對話框架的三步驟,你的開場白可能像這樣:「謝謝你跟我碰面。我想跟你聊聊你今天在早會上所說的話,我希望我們聊完之後,雙方能更深入了解彼此重視的事物,並且找到改善的方法。你覺得如何?」

再舉一個例子。

「我很感謝你抽空跟我見面。我想談談本季度的目標，我希望在對話結束時，能確保雙方致力於相同的優先事項。你覺得如何呢？」

再來一個例子，這次是和人際關係有關。

「我想跟你談談我對你昨晚的行為有什麼看法，我並不是要批判誰對誰錯。我希望知道未來應該怎麼做，才能更有效的支持彼此。我們可以達成共識嗎？」

有了這些明確的範圍，對方很少會拒絕。

這種架構利用框架的自然優勢，定義了哪些主題在範圍以內，哪些主題又在範圍之外。也就是說，框架能強化對話的內容，並將其他不相干的內容排除在外。

框架也告知對方，對話確實會走向終點。因為如今的對話有了範圍限制，而框架則增強了傾聽的效果，對方不必再接收其他無關的事物。最終，框架強化發送訊息的人和接收訊息的人之間的連結。

## 一個框架，一個主題

「好了，各位，我們今天有很多事情要討論，」你的老闆這樣說。

會議中的每個人都想立刻發牢騷或是翻白眼。為什麼？因為這樣的開場白預示了接下來的討論沒有重點，還可能令人不知所措，而且會議的焦點被分散到太多的主題上。即使

排了議程,也並不代表這場會議很有效率、能讓人投入。

「唉,」你可能心想:「這明明是發個電子郵件就可以解決的事,根本浪費時間。」在內心深處,你知道大多數主題都不會討論到,或者沒辦法好好的討論。你也知道這場會議可能會讓你們得再開一次會。你不確定這場會議能達成任何結論、行動方案或重點,人們只是為了開會而開會,為了談話而談話。一旦訊號如此分散,就很難建立緊密的連結。

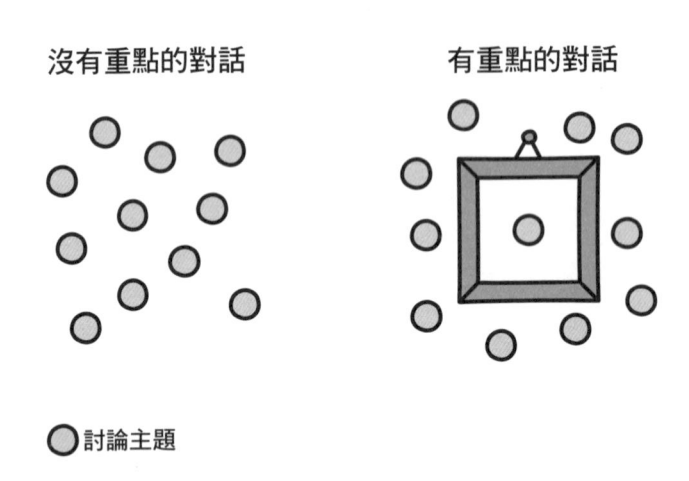

**沒有重點的對話**      **有重點的對話**

⬤ 討論主題

這就是你需要「一個框架、一個主題」的原因。

試想,如果你的經理一開始就這樣說:「今天,我們要著重討論如何改善客戶的回饋流程。」你可能會更投入,也

更清楚會議的目的。這種具體的說明可以讓每個人聚焦在特定的主題。一旦會議結束、主題討論完畢，所有人離開的時候都會更開心，因為對話感覺比較有成效、有意義，也比較值得他們付出時間。

為了讓溝通過程更簡潔並避免離題，「一個框架，一個主題」相當重要。當對話只有一個框架，會有兩個好處：

1. 你必須使用整合技巧和刻意努力，以求精確表達出需要說的話，同時剔除多餘的內容。
2. 你可以讓對話更深入、有層次，針對當前的主題進行更縝密的討論。

當你不在不同主題之間跳來跳去，就有機會深入探討問題的所在。你會有更多的空間探索細微的差異、考量各項觀點，協力合作尋找解決方案。「一個框架、一個主題」鼓勵所有參與者保持專注與投入，而不會讓他們必須為冗長會議的下一項議程做好心理準備。

實際上，「一個框架、一個主題」的組合比例，就代表你可能必須將包山包海的大型會議，拆解成幾個更小、更有效的小型討論。如果是在傳訊息或寄電子郵件時採用「一個框架、一個主題」的策略，那就在每則訊息中向負責決策的人一次提出一個問題，而不是將各種討論串或主題塞進同一

封信,一次回覆給所有人。

別忘了,清晰就是善意的表現。這樣做既能尊重每個人的時間和認知資源,也能建立更緊密的連結。

## 如何讓對話重回正軌

這種情況經常發生。這不是任何人的錯,但不知何故,對話偏離你原先設定的框架。也許你只是稍微離題,或是不小心偏離目標;你不是故意這麼做。你要知道,讓對話自然發展也完全沒問題。不過如果出現問題,讓對話重回正軌的簡單訣竅,就是使用你的目標關鍵字。

舉例來說,也許你們本來應該討論行銷預算,卻因為談到彼此對會計部的蓋瑞有多厭惡而離題。這時,在話題中快速插入「行銷」這個詞可以讓你們重回正軌,或者你也可以直接說「我們離題了」。這沒有什麼大不了。

然而,有時候事情就沒那麼簡單。敏感的對話可能迅速陷入人身攻擊的範疇,或是有人重提過去的不滿,這些舉動都會對當前的目標造成阻礙。無論有意還是無意,這種策略經常被用來轉移話題,或企圖在接下來的爭論中占據上風。發生這種情況的時候,關鍵是要意識到雙方已經偏離有效的對話,接著引導對話回到正軌。

讓我們看看以下兩種不同的情況。在第一種情況中,是

你把對話引導到不好的地方。你說出一些不該說的話,如今事情變得更糟。針對這種情況,你必須迅速採取三個步驟:

1. 為你偏離正軌的言論道歉。
    a.「我很抱歉,我不應該那麼說。」
    b.「我很抱歉剛才提高嗓門說話。」

2. 隨後表明此舉已經偏離原先的目標。
    a.「那麼做沒有幫助。」
    b.「那樣並不公平。」
    c.「你並沒有同意那樣做。」

3. 立刻回到事情惡化前的地方重新開始。

完整的表達方式如下:「嘿,我很抱歉。我不應該提高嗓門說話。我那樣做沒有幫助,你也並沒有同意那樣做。我想了解我們如何避免昨天發生的事情再次發生。」

在第二種情況中,對方會岔開話題。這是一種常見的防衛策略,如果不加以控制,對話將迅速演變為爭論。假設你想討論在朋友家發生的不愉快時刻。你已經建立對話框架,而你的朋友也同意討論。但在十五分鐘後,對方突然蹦出一句:「哦,真的嗎?你認真的嗎?這就是你要說的?那你三

週前做出同樣的事情又該怎麼說？」

這類言論是對方進入點火階段的產物：他們希望焦點從自己身上移開。此時，他們通常會嘗試做這兩件事：

1. 將注意力從自己身上移開，轉移到你身上。
2. 提起一些（通常是過去的）事情，試圖將自己的行為與你過去的行為相提並論，以某種「你也半斤八兩」的方式回擊。

如果你的下一次對話以這種方式脫離框架，重要的是你必須控制自己的身體，盡量縮短你的點火階段。為了阻止雙方的討論持續惡化，你可以使用平靜、克制的語言以及對話式呼吸，並嘗試下列說法：

1.「我了解你的觀點了，但我需要完成我們的對話。如果有需要，我願意等下回頭來聊一聊這件事。」
2.「請聽我說，聽我把話說完，如果有需要，我們可以之後再回來討論這個問題。」
3.「我同意那件事也值得討論。讓我們一次專注在一個主題上。」

這些方法的關鍵在於，先承認對方所說的話，接著控制

你的回應，讓雙方重新回到原先的主題上。你不能用「那不是重點！」或「你只是在轉移話題。」這樣的話來駁斥對方的言論。無論對方的言論是否偏離主題，或者對方正試圖轉移話題，這種蔑視對方感受的言詞，只會確保你進入下一階段的衝突。這樣做沒有任何好處。所以別忘了，先承認對方的話，然後堅守對話主題。

在大大小小的對話中，框架是建立連結的強大工具。下次你在會議上或討論中，如果覺得自己在兜圈子或是毫無進展時，請試著使用對話框架。選擇主題、設定方向、表明意圖，並取得對方的承諾。如此一來，你可以減少分心、避免誤解，並且提升雙方的注意力，同時與對方建立連結。你會在更短的時間內完成更多事情，而對方也會認為你是尊重他們的時間和意見的人。

## 本章小結

- 對話中討論的主題愈多,對話就愈不可能有成效,更別說要達成任何結果。
- 為了與對方建立連結,你必須確保對話始終朝著特定的目的和方向前進。
- 為了防止毫無利益的離題討論或誤解,請在對話開始前就建立好框架。這表示如果你想帶對方從 A 點抵達 B 點,就必須先告訴他們你打算怎麼做,並且消除他們對 B 點的焦慮。
- 先告訴對方你想談什麼,藉此建立你的對話框架;接著告訴對方你希望在對話結束後得到什麼樣的感受;最後,取得對方的承諾,一起朝相同的方向邁進。
- 當你將框架運用在對話之中,就能減少產生誤解,也更有可能與對方建立連結。

# 第十一章
# 消除防備心

「坦白說，這是向量力學的問題，其中產生的影響對多數外行人來說根本無法察覺。」對方傳喚的生物力學工程師在證人席上說道。

他的任務是要證實，那輛時速 90 公里的車子撞擊到我的客戶，不可能造成身體的傷害，或者頂多只會導致非常輕微的傷害。

我在交互詰問中的任務是要駁斥這項論點。

他不喜歡我的問題；我也不喜歡他的回答。

在審判過程，專家證人可以決定案件的成敗。你需要他們，因為有些證詞只能由那些在特定領域具備充分知識的人提供，例如事故重建或法醫分析的專家。讓專家開口說話相對容易，要讓他們停下來就比較難了。專家往往會以凸顯自己智慧的方式發言。優秀的專家會讓法庭上的每個人都能掌握他們的證詞，確保證詞與案情相關又易於理解。差勁的專家則會使用專業術語，讓其他人感覺自卑。而我正在進行交互詰問的這位專家屬於後者。

「是的,先生,我明白你的意思,」我回答道:「讓我換個方式來問。」

停頓片刻後,我繼續說。「你代表被告作證,也就是撞到我客戶的那個人?」

「那個人的車輛與對方的車輛產生了接觸,是的,先生。」他回答。

各位懂我的意思了吧?

「當時撞到我客戶的那個人必須由救護車載去送醫?」我說。

「呃,我想是的,我不確定。」他猶豫的說。

「因為他鎖骨骨折?」我追問。

他清了清喉嚨,回答道:「我不確定,事⋯⋯事情可能就是那樣。」

我繼續追問。「那你是在告訴陪審團,這次的事故不可能導致我的客戶背部椎間盤突出?」

這個問題是想把他逼到牆角。這類問題會讓陪審團從記事本上抬起頭來,密切注意對方接下來的回應。在這個情況下,這位專家本來可以說:「不,不完全是這樣。我的意見還包含其他細節。」或者更好的說法是:「這聽起來確實很矛盾,我同意。但事情沒那麼簡單。」這樣的回答聽起來很有道理。其實,這種說法會讓他更值得信任,因為他承認了我指出的矛盾之處,並以此來支持自己的觀點。然而,陪審

團卻聽到這樣的回答⋯⋯。

「這個嘛，先生，」他說道，調整了一下眼鏡，坐直身子，語氣更加尖銳：「這需要更深入的討論物理學和人類生物學知識，如果你能夠理解的話。」

陪審團一陣騷動，法庭上的氣氛立刻改變。其中一位年長的女性陪審員搖著頭表示不贊同，還低聲嘆道：「噢，我的天啊。」

那位專家做了一件在陪審團面前最不應該做的事。他認為我的問題是在挑戰他的專業知識，於是防備心增強。而他的防備心反倒讓他的意見看起來不那麼可信。那正是關鍵的時刻，他沒有試著讓陪審團理解自己的意見，反而用他的自尊心擴大雙方之間的鴻溝。

儘管這一刻並沒有完全推翻他的證詞，此舉卻破壞辯方的期望，他們需要陪審團信任這位專家。在審判過程，記錄在案的每一句證詞都很重要，傳達證據的能力與證據本身一樣重要，無論結果是好是壞。在本案中，法庭上的每個人都看到：這位專家的防備心不僅削弱自身的論點，也突顯辯方在整個案件中的一大弱點。

防備心並非專家證人獨有。每個人都會有，你有、我也有。從法庭到客廳，防備心可能隨時出現。如果你能意識到自己什麼時候會築起防備心，了解它的運作機制，並且學會管理它，就可以改變他人對你的信任。

## 為什麼防備心會破壞人際關係

在你的下一次對話中，由防備心導致的代價最高昂。

築起防備心是一個人進入點火階段最明顯的跡象。此時，你切斷所有溝通管道；你豎起盾牌，露出利器，迴避對方，搗住耳朵。防備心是你受到誘因刺激時穿上的盔甲。防備心是一種壓力反應，會以各式各樣的形式表現出來。也許是腹部的絞痛，或是耳後的緊繃感。也許你會說話諷刺、沉默以對，甚至是對嚴肅的話題一笑置之。但在日常生活中，當你築起防備心，通常會有以下的表現：

- 插嘴：「是啊，但你根本就沒有……。」
- 提高音量：「你不會是認真的吧！」
- 人身攻擊：「你真是個白癡。」
- 不聽對方說完就否定他們的觀點：「少來，你根本不在乎。」
- 用過去的不滿來轉移話題：「這樣說的話，你上次還不是……。」
- 以偏概全：「你從來都不聽我說話！」或「你總是這樣！」

聽起來很熟悉吧？我敢打賭你肯定聽過或說過這些話。

現在再讀一遍。這些句子有什麼共通點？

就是「你」。

當你豎起盾牌時，第一個脫口而出的字眼就是「你」。當你大發雷霆時，用食指指向的第一個人也是「你」。所以我說出那句話怎麼樣？所以我做錯事了那又怎麼樣？「哦，你還說我？那你呢？」

這種指責他人而不自我反省的行為，凸顯人類溝通的基本特徵：人們對於自己犯錯、或被視為有錯的一方感到深惡痛絕。一旦被視為有錯的一方，會觸發所有的心理性誘因：

- 社會評價：如果我錯了，我會被羞辱嗎？他們會排斥我嗎？
- 個人認同：如果我錯了，我還有價值嗎？我是不是有問題？
- 失落感：如果我錯了，他們會離開我嗎？我會不會名譽掃地？

## 你的防備心會築起一道牆

感受到威脅時，你的警戒心會提高。情緒的洪流讓理性分析能力潰堤，你一心只想對抗或逃離對方造成的威脅。這讓你想把對方調成靜音，用手指塞住耳朵，嘲弄的說：「啦

啦啦,我聽不見」。你不想聽,不想學習,不想講道理。

當你得面對另一方築起的防備心時,你可能會抓狂。無論你說什麼、或試著用不同的方式表達,對方就是不聽。你儘管嘗試改變對方的想法,但這根本行不通,因為你愈是努力證明對方是錯的,他們就愈確信自己是對的。

人們(包括我自己)拒絕傾聽他人意見的首要原因,就是因為感到不舒服。當我說的話與你的想法有所衝突,就會產生不適。這種不適的感受又稱為認知失調(cognitive dissonance)[1],每當新資訊與你既有的信念相互衝突,你就會出現這種不愉快的感覺。這種感覺可能源自各種情境:參與激烈的辯論、閱讀網路上的文章,甚至是聽到一首歌的歌詞。這種感覺通常會來自重大的社會或政治問題,也就是候選人在競選期間談到的那些議題。所以人們往往堅持從單一的新聞來源吸收資訊,並且否定來自其他管道的觀點。不過,就算只是一些小事也可能讓你不愉快,比如說餐廳沒有你常點的那道菜,你不得不點菜單上的其他品項;或是聽說新品牌的咖啡比你多年來一直在喝的那個品牌還要好喝。不同的事物可能會讓人感覺受到威脅,並觸發心理性誘因。

可是,你知道嗎,我們相信的事物很少是我們自己產生的想法,而是與我們所愛之人有關、由他們傳承下來的觀點,或者是由構成我們身分的珍貴記憶所形成的信念。這表示如果我告訴你,你對某件事的看法是錯的,例如你的政治

意識型態不對，我所傳達的意思恐怕不只是「你錯了」這麼簡單。我可能在說你的祖母錯了，你最好的朋友錯了，或是你自十歲以來相信的那段記憶是錯的。

此時，你會做任何事，甚至拒絕聆聽我說話，來避免這種不舒服的感覺。這就是為什麼邏輯行不通。更多證據並不會自然而然讓人更能接受某種說法；這些證據反倒可能導致你更堅持自己是對的，讓你不僅為了自己的立場辯護，也想保護你的人際關係，以及形塑你的身分的敘事。你就此產生防備心，努力捍衛構成自己身分的種種元素，也就是你在第四章學到的個人認同誘因。我愈是努力跟你對抗，愈是把我的觀點強加在你身上，你的態度就會更加強硬。

儘管防備心是保護你的自然機制，卻往往弊大於利。當你築起高牆，會產生兩種後果：

1. 你阻止他人理解你。
2. 你拒絕了理解他人的機會。

問題就是出在這裡。你能接受第二種後果，卻否認第一種後果。這表示你放棄對自己的所有期望，卻保留對他人的所有期望。你仍然期盼對方理解你，也仍然期盼對方能迎合你的感受。這感覺就像是把自己的門鎖上，卻又因為對方進不來而感到不滿。我相信你一定說過、或是聽別人說過：

「他們應該知道才對。」他們應該知道我很不高興；他們應該知道那會對我造成什麼影響。但是，當雙方角色互換，這些人往往會大喊：「我又不會讀心術！」

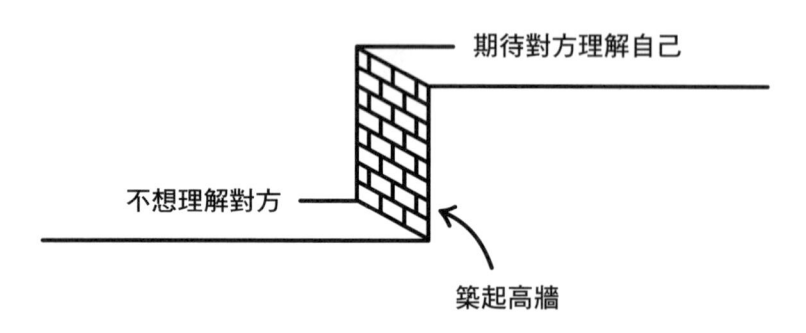

```
              期待對方理解自己
        ┌──────────────────────
        │
        │
不想理解對方 ─ │
────────────┘
             築起高牆
```

　　別自顧自相信只有某些人才會陷入這種循環中，實際上，每個人都會這樣自我矛盾。當你是正在過馬路的行人，你會想：「這些車明明可以等我，我是行人。他們難道看不見我在走路嗎？」然而，如果你是停在十字路口等的司機，你會想：「看看這些行人……走路慢得要命，以為這裡是自己家啊。我想這傢伙是故意走得更慢。他們難道看不見我在開車嗎？」這種視角的轉換正說明，你會如何迅速調整自己的同理心，卻又期望周遭的人維持同樣的同理心。

　　從專業的角度來看，你的感受就是心理學家所說的「基本歸因謬誤」（fundamental attribution error）[2]，這會影響你對他人的理解或判斷。基本歸因謬誤指的是，人們往往會高估個人因素的解釋，而低估外在情境的因素。舉例來說，假

如你看到某人上班遲到，可能會認為他很懶惰、不用心或是不積極（個人因素的解釋），而很少去思考塞車、天氣或私人問題等因素（外在情境的解釋）。如果那個人從你身邊走過卻沒有跟你打招呼，你還可能認為他是故意這麼做。

這也是用「你」當作句子開頭所產生的另一個大問題。你會以為對方是在針對你，但是即使對方並沒有這個意思，你也會把對方的言行舉止解讀為對你的直接攻擊。想像一下以下的例子，假設你和配偶在廚房裡。

你：「你怎麼了？你看起來心不在焉。」
配偶：「我累翻了。今天很漫長，房子裡一團亂，我最不想做的事就是洗這些碗。」
你：「你是說我沒有幫忙做家事嗎？昨天的碗是我洗的耶。」
配偶：「我不是這個意思。」
你：「你就是這個意思。你認為我做得不夠多。事實上，維持家中整潔的人是我，確保所有排程準時完成的人也是我。」

天啊。各位明白我的意思了嗎？這時你們已經失去建立連結的機會。

當你築起圍牆，就更不想嘗試理解對方，卻期盼對方更

努力去理解你。你的配偶正試著跟你分享他今天的感受，而你並沒有利用這個機會與對方建立連結，反而擅自將對方的言論解讀成對你人格的控訴。

以下是另一個經常導致人們針鋒相對的例子。

在你傳出四句話的訊息後，對方回傳「Ok」，或是用更糟糕的「K」回覆你。

你的第一個念頭是：「你說『Ok』是什麼意思？只回『Ok』算哪門子的回應？」

你可能會鑽牛角尖。「『Ok』？只回我『Ok』？他只願意花這些心思來回覆我？真是太沒禮貌了」，你心想。你可能會忍不住把簡訊拿給其他人看，讓別人附和你；於是，你決定回覆對方：「你這樣也太沒禮貌了吧？」

「好吧，算了。我現在不需要這種回應。」

原本的溝通不良升級為爭執，在接下來的整個晚上，你的心思都被根本不需要發生的爭執所占據。然而你後來才知道，對方只回了「Ok」是因為他們在結帳櫃臺前匆忙回覆你，想告知你他們已經收到了訊息。

一旦你認為事情是針對自己而來，就會創造出自我實現的預言（self-fulfilling prophecy）。我們用前文舉例的傳簡訊情境來說明：

- 你認為那則簡訊很沒禮貌，把它視為對你的人身攻擊。

- 這種看法觸發點火階段的情緒反應。
- 在情緒驅使下,你的回應顯得你防備心很重。
- 你的反應導致對方也表現出很重的防備心。
- 這個循環如今促使你的期望化為實現:你確實受到了攻擊。

這種循環經常發生在簡訊、電子郵件或即時通訊等書面溝通當中,因為這些溝通方式缺乏口語能傳達的細微差異。這屬於一種確認偏誤(confirmation bias)[3],也就是你往往會尋找能確認或強化既有信念的資訊,同時排斥那些違背既有信念的資訊。這表示一旦你讓誘因掌控你的言行,你就會開始選擇性的尋找能夠刺激誘因的資訊,並忽視那些能除去誘因的資訊。例如,如果你抱怨某人忘記做某件事,可能會把注意力放在他沒有做的時候,而忽略他有做的時候。你會尋找負面的事物,拒絕正面的事物,因為這麼做可以增強你的防備心。

## 如何避免築起防備心

有辦法可以解決這個問題。

首先,你必須釐清,你有多常感覺到自己被針對了。這能反映出你對待他人有多寬容,也展現出你能否以善意解讀

他人的言行。

　　如果你愈能接受別人的言行並不是針對你而來，就愈不會感覺被冒犯。這種寬容的態度、樂意跳脫自我的視角，可以改變你與世界的互動方式。如果你不願意以善意解讀他人的言行，也是在破壞自己內心的平靜。

　　另一方面，當你寬容待人，就會敞開心胸接納各種可能性，例如餐廳服務生草率回應你，可能是因為她原本應該在6點下班，而且她的母親正在幫忙照顧她的孩子；你前面那輛車開得很慢（也就是遵守速限開車），可能是因為駕駛上週剛失去結髮五十三年的妻子；你的經理發了一封簡短的電子郵件，可能是因為她不僅要打理自己的生活，還要照顧剛從勒戒所出來的哥哥，而不是因為她對你有任何的不滿。別忘了，你眼前看到的人並不是跟你說話的那個人。

　　一旦你認為事情是針對自己而來，你就背負起沒人要你承擔的重擔。放下重擔吧，在證據出現之前，先假設對方的言行並非出於惡意。

　　刻意練習培養同理心和善意會徹底改變你對待自己的方式。你會變得更寬容、不再嚴格批判自己犯下的錯，最終成為讓人更能相處愉快的存在。

　　把事情視為針對自己而來，會導致自我實現的負面結果，寬容待人則會帶來自我實現的**正面結果**。

　　這是給你的一記警鐘。現在是時候為自己所說的話負起

責任，並意識到你不需要回應別人說出口的所有話。或許你忘記前文的叮嚀，但你可以決定別人所說的話對你而言是否有意義；你可以決定是否將他們的行為視為針對你而來；你可以決定他們的話語是否需要重視、又有多少價值。很多時候，別人說的話就算寫下來也是浪費紙，你卻緊抓不放、還蒐集這些話語。不知不覺，你已經扛著一整袋厚重的書本。

別再背負他人言語的重量。

別再接受每場爭論的邀請函。

如果你喜歡運動，那你應該很清楚，當對方投球，並不代表你必須揮棒，就讓球飛過去吧。當對方把球打到你那一側的球場，並不代表你必須把球送回球網對面，就讓球落地吧。沒有人能夠要求你或強迫你，就算對方說了一些話，你也沒有義務回應他們。

「我必須說⋯⋯。」不，你不必說。

沒有什麼話是你「必須說」的，只有你「想說」的話。但你是為了誰而說？你是為了表達觀點而說嗎？或者你只是想讓別人聽見自己說的話？

對自己築起防備心的行為負起責任，代表你能意識到自己正燃起一股衝動要指責他人，並因此轉而選擇自我反省。我用「選擇」這個詞是因為事情的本質就是如此；這是一種選擇，而選擇權在你的手上。

阻止自己築起防備心的方法如下。

### 1. 覺察並及時控制自我

透過對話式呼吸（九秒鐘的停頓）來阻止自己有話就說的本能反應。緩慢的呼吸會告訴你的身體，對方所說的話、所做的事並非威脅。

### 2. 任由對方的話語自然落地

在停頓的沉默中，試著想像對方說的話沒有到達你的面前，而是飄落在地上。克制自己的衝動，不要「接住」這些話語再扔回去。想像對方的話語飄落在地上，讓你有時間考慮是否值得花時間撿起它們，或是乾脆就此置之不理。如果你感覺自己想要築起防備心，可以用這句話提醒自己：「放下吧，某某某（填入你的名字）。」

### 3. 保持好奇心

將你的心態從要求別人轉為自我省察，保持你的分析性思考。你可以問問自己：他為什麼這麼說？是什麼驅使他這麼說？我漏掉了什麼資訊？讓自己養成習慣，對他人的請求或話語抱持好奇心。

一旦你能好好控制自己，就可以使用下列三種策略來避免對方築起防備心。雖然這些技巧並非萬無一失，但它們可以幫助你推倒高牆。

以下是避免對方築起防備心的方法。

## 1. 以「我」作為句子的開頭，別用「你」

一旦以「你」作為句子的開頭，自然就會讓對方處於防備的狀態。當你用「我」作為句子的開頭，能夠避免觸發對方的誘因，因為這樣說能將焦點放在你的感受和觀點上，而不是在指責或怪罪對方。這也讓你能更堅定表達想法。

舉例來說：

- 不要說：「你總是看著手機」。
- 試著說：「我喜歡我們在一起時不看手機。」

- 不要說：「你不重視我」。
- 試著說：「沒有得到你的回應時，我覺得自己不受重視。」

- 不要說：「你不能那樣對我說話！」
- 試著說：「我不回應這類言論。」

## 2. 別用「為什麼？」開啟問句

當你詢問他人時，在大多數情況下，「為什麼」都帶有指責的意味。這種問法通常暗指錯誤的行為、責備或批判。

這會觸發對方的自主性誘因。想像一下你正在開車，而朋友坐在副駕駛座。你選擇一條不同的路徑前往他家，這時你的朋友皺起眉頭問：「你為什麼要走這條路？」你的本能反應是立刻嗆他，你很想回答：「為什麼？因為我想這麼做，就是這樣。」或者面對孩子不斷跳針問你「為什麼？」，你會很想大喊：「因為我說了算！」

讓你感到不高興的並不是他們問你問題，而是「為什麼」這三個字讓你感覺受到質疑。要解決這個問題，可以用「什麼」、「什麼時候」或「怎麼做」來取代「為什麼」。

- 不要問：「你為什麼不倒垃圾？」
- 試著問：「你打算什麼時候倒垃圾？」

- 不要問：「你為什麼這麼做？」
- 試著問：「你是怎麼做決定的？」

- 不要問：「你為什麼不能放輕鬆？」
- 試著問：「是什麼原因讓你無法放鬆？」

## 3. 先承認對方的感受

人們的內心都渴望別人聽見自己的心聲。如果你用「是啊，但是……。」回應對方的觀點，只會讓事情變得更糟，

因為這句話隱含的意思是，你不認同他們的感受。如果你不認同對方的感受，相信我，他們也會用同樣的方式對待你。他們會關上心門，再拉上窗簾。因此，在提出自己的觀點之前，可以先試著肯定對方的感受或觀點。這種方法能讓對方敞開心房與你對話。

舉例來說：

- **告訴對方你同意哪些事**。這並不代表你必須同意對方所說的任何事情。與其思考細枝末節，不如考量全局。你可以同意雙方應該討論一下、某個話題值得談論，或是這件事必須做出決定。例如：
「我同意這個話題值得討論。」
- **告訴對方你了解到的事**。一旦你表示自己了解到某些事情，對方會覺得他們讓你知道了一些事情。告訴對方你了解到的事，會讓他們覺得自己對討論有所貢獻，而且你也認知到了他們的洞見。例如：
「我了解到這件事對你來說非常重要」。
- **告訴對方他們對你有幫助**。人們喜歡自己幫得上忙的感覺，尤其是可以幫助自己的時候。一旦你承認對方幫助了你，他們就更有可能保持開放和坦率的態度。你藉由認可對方來卸下他們的防備心。例如：
「知道這一點很有幫助。」

想與對方建立連結，就必須意識到自己周遭的圍牆，包含你築起的牆以及對方築起的牆。一旦你覺得自己開始築起防備心的時候，請冷靜下來，並且保持好奇心。一旦你覺得別人開始築起防備心的時候，請改變你的說話方式，別使用會築起圍牆的話語，改用能打破圍牆的話語。這麼做能幫助你轉換為連結的心態，迎來更多的理解與認同，而不是激起對抗的心態和想贏的衝動。

## 本章小結

- 築起防備心是破壞雙方連結最快的方式，也是你進入點火階段的明確指標。
- 無論是你或對方，增強防備心都會築起一道牆。這道牆阻止對方理解你，也讓你無法理解對方。
- 利用延長停頓時間約五到十秒，讓自己停留在冷卻階段，避免築起防備心。想像對方的話在到達你面前之前就飄落在地上，並克制住想要撿起它們的衝動。
- 用「我」而不是「你」作為回應的開頭，消除他人的防備心。首先承認對方所說的話，而不是立刻以自己的立場來回應對方。
- 一旦你學會別再接受每場爭論的邀請函，就可以避免你和對方之間出現隔閡，並保持雙方的連結。

# 第十二章
# 艱難的對話

談論困難的話題不容易，所以我才把這一章留到最後。

各位之所以閱讀這本書，可能是因為你即將展開一場艱難的對話。如果是這樣，我很慶幸你能拿起這本書，也很感謝你能讀到這裡。

由此可知，你想試著打破惡性循環。你選擇不再將爭論視為必須贏得勝利的比賽，而是當作機會來看待，讓自己能了解那些話語背後的那個人。你正在培養與眼前的人建立連結的能力。

現在你已經知道，一切都始於你接下來所說的話。

你如何處理艱難的對話，比起對話內容更能清楚展現你的性格。無論是與另一半分手、開除員工、討論財務問題，或是處理被忽略的敏感問題，你開啟對話的方式最重要。就像暴風雨前的平靜，還記得嗎？

如果你太急躁、過於強硬，對方就會退縮並築起防備心：「我嗎？那你自己呢？！」如果你太軟弱又謙遜自卑，對方就會懷疑你的動機：「你到底想說什麼？」如果你太被

動、害羞,對方可能會直接忽視你:「我才不想聽你說這件事。」

艱難的對話之所以變得更加艱難有兩個原因:

1. 你不知道目的地在哪裡。
2. 你不知道如何抵達目的地。

如果我告訴你,我曾經搭上一架飛機,卻不知道飛機會在哪裡降落,你有什麼想法?或者我開著車,卻不知道甚麼時候要停車?你一定會認為我瘋了。但是這種情況經常發生在我們的對話之中。如果你只期望對話會按照腦海中的想像來進行,卻完全不知道目的地在哪裡,也不知道要如何抵達目的地,那你注定要面臨失望的結果,正如第二章的討論。

要讓艱難的對話變得不再艱難,最佳的時機就是在對話開始之前採取行動。方法就是一切。

你處理艱難對話的方式,將決定雙方會建立起連結,還是永遠失去彼此的連結。接下來我將提供一份藍圖,幫助你在艱難的情況下建立連結。小提醒:本章假設你已經完成前面幾章的功課,能夠控制自己的情緒,並持續磨練堅定的語氣。只有掌控好自己的說話方式,並且自信的表達你的想法,你才能透過說話來建立連結。

以下三條準則能確保你的方法每次都順利進行。

## 1. 預留真正不受干擾的時間

我是吃足苦頭才明白這個道理。

就讀法學院時，我在一間律師事務所的合夥人手下擔任文書專員（clerking）；這個詞在法律界指的是「實習」。我對正在處理的業務有疑問，但不好意思問他。我整個早上都在苦苦掙扎，最後終於鼓起勇氣去找他。我從辦公桌前起身，沿著走廊走過去，直奔合夥人的辦公室。我不假思索在他敞開的門上敲了兩下，一進門就開始說話。

「嘿，我有一個和動議有關的問題……。」我一邊說，一邊走進他的辦公室。

「不！出去！」他喊道，抬起左手做了個停止的手勢。

我立刻轉身，以同樣的速度離開他的辦公室。離開前，我瞥見他正專注的在電腦前打字。我尷尬的坐回辦公桌前，耳朵紅得發燙。我剛才不應該這麼做。大約十五分鐘後，我聽見敲門聲。那位合夥人正站在門口。

「我可以進來嗎？」他問。

「當然可以，」我說，耳朵的顏色終於恢復正常。

「剛才的事很抱歉。當時我正在想事情，如果不立刻完成，就會忘記當下的想法。你想問什麼？」他問。

我深吸一口氣，把我的困惑告訴他。

「啊，」他笑著說。「原來是這樣，我知道你為什麼覺得

困惑了。我打錯字了。我會修正的。下次你可以發信，說明你什麼時候要來找我。這樣我就可以在空檔幫忙了。」

問題不在於話題本身，而在於我提問的時機。

如果你即將展開艱難的對話，就要移除會讓對話變得更艱難的外在因素：找個隱密且舒適的環境，選擇雙方都不匆忙、又沒有壓力的時間點，並排除任何可能的干擾。

如果你根據自己的方便限制對話的時間，對方往往一開始就不情願參與對話。這就像是在高速公路上以每小時112公里的速度開車，突然有輛速度比較慢的車出現在你面前，逼你踩下煞車。這會破壞你做事的動力和專注力。

現在換個角度想。當別人試圖強迫你展開一場你尚未準備好的對話，這絕對很讓人抓狂。有時候，你還沒準備好對話正是讓對話變得艱難的原因。你會覺得有壓力，也更容易產生壓力反應，這是你的自主性誘因受到刺激的結果。當對方在不適當的時機強迫你進行對話，你會更難保持清晰的思考，因為你的情緒告訴你，你感覺不舒服。你可能必須要求對方重複剛才說的話，或是再解釋一遍，因為你沒辦法心無旁騖的思考。

要解決這個問題，你可以為未來的討論設定時間。

下次你需要安排談話時，可以試著這麼說：

- 「你週五早上什麼時候方便討論……？」

- 「你週二下午 1 點 45 分左右有空討論……？」
- 「你週四晚上有時間聊一下……？」

我喜歡使用「餘裕」和「心力」這兩個詞。

- 「你今天下午有餘裕討論週一的議程嗎？」
- 「孩子上床睡覺後，你有心力談談他們明天的行程安排嗎？」

這樣的問法不僅能反應對方在時間上的餘裕，也表現他們在心靈上的餘裕。當然，他們可能有時間，卻沒有足夠的情緒或心理餘裕在當時處理這個問題。還有很多不同的方式能詢問對方的意願，所以請找出讓你感覺最自在的做法。

關鍵是建議一段明確的時間範圍，或是設定在一天中的特定時間。即使你當下有空，對方也有空，把談話安排在未來也是比較好的做法。你需要時間整理思緒；更重要的是，你要讓對方有時間做好準備。你有沒有遇過突然有人來到你的辦公室門口說：「嘿，有空嗎？不是現在，我說的是等一下。我只是想跟你談談一個想法。」謝天謝地，這真是如釋重負。等一下是好事；只要半小時，就能確保你有充裕的時間來掌控自己的說話方式。因此，你可以試著將討論的時間安排在未來，而且最好將時間範圍縮短。

別忘了，你提供的選擇愈少，對方就愈容易做出決定。如果你只是說：「那你下週什麼時候有空？」就可能會得到這樣的回覆：「我還不確定，到時候再跟你說。」接下來，三週就這樣過去了。但是如果你縮小選擇的範圍，就更有可能得到答案，並順利訂出雙方都有空的時間。這並非一成不變的準則，但確實有幫助。

順帶一提，盡量避免用下列方式跟對方約時間：

- 「我需要跟你談談。」
- 「請問有空嗎？」
- 「你等下什麼時候有空？」

再次提醒，試想看看如果對方用這種方式問你，你會有什麼感覺。

此外，這些例子都沒有提到任何有意義的參考時間。儘管你可能喜歡這種表達方式所暗示的悠閒感，但更有害的影響是它帶來的不確定性。「你有幾分鐘的時間聊聊嗎？」得視情況而定。談話的主題是正面還是負面、個人還是工作、嚴肅還是輕鬆？這些因素都會影響你的反應。你可能有幾分鐘的時間讓對方告訴你昨天晚上發生的趣事，前提是這個故事真的只需要「幾分鐘」，但這通常不太可能。一般而言，「你有幾分鐘的時間嗎？」這句話應該用「你有兩小時的時

間嗎？」來表達更貼切。所以，請設定明確的期望值，確保你要求的對話時間與對話主題的重要性相符。嚴肅的話題需要更多時間；敏感的話題需要更多時間；負面的話題需要更多時間。告訴對方你需要三十分鐘、一小時或四小時，會對你有所幫助。

藉由改善預測需要占據對方多少時間的能力、刻意預留時間的能力，你就更有可能與他人建立更好的連結。為什麼？因為你保留空檔、刻意停頓，也為思考和維持對話框架的沉默時刻預留時間。這讓你有時間放慢呼吸和語速，來維持自我控制的能力和清醒的頭腦。

相反的，如果你沒有事先預測對話所需的時間，就匆忙展開對話，很有可能會在對話過程中發現，對方更想知道何時可以結束談話，卻不在意談話的內容。

你還要確保預留的時間不受干擾。別把手機放在桌上，即使螢幕朝下也不行；別把手機握在手中，即使你不看手機也不行。你必須傳達的訊息是，你現在要討論的話題是你唯一關注的事情。

## 2. 省去客套寒暄

想像一下，你必須辭退團隊中的一位成員。你已經給這個人好幾週的時間，期待對方會有所改善，但現在是時候分

道揚鑣了。你發出這封電子郵件:「有空的時候請來辦公室找我。」

在你的設想中,你以為這次的談話會在幾小時後發生。但出乎意料的是,在你按下傳送鍵後不到兩分鐘,那位員工就走進你的辦公室。她看起來神情緊張。她知道儘管自己已經試圖改善,但是工作表現依然並不理想。

「哦,你好!」你愉快的說道,並發出緊張的咳嗽聲。「請坐。」

幾秒鐘後,你開始輕輕碰觸桌上的東西,最後只好擺弄起一個孤零零的迴紋針。

「你好嗎?」你問:「還喜歡這裡嗎?」

「我很喜歡。」她勉強擠出一個微笑。「我感覺到很多協助與支持,我真的很喜歡現在的工作。雖然花的時間超出預期,但我覺得自己快要進入狀態了。」

噢,完了。你還沒準備好應付這個局面。你尷尬的在座位上扭動身子,重新調整自己的姿勢。在一片沉默中,她的笑容逐漸淡去,正試著想說些什麼。

你設法繼續對話。「嘿,呃⋯⋯聽我說,」辦公室裡的空氣瞬間凝結,「我想了很久,這對我來說是個相當艱難的決定。因為我喜歡你這個人,也覺得你非常棒。而且我知道你很努力。我實在不想跟你提這件事,但是我⋯⋯呃⋯⋯我想⋯⋯呃⋯⋯是時候讓你離開了。」

瞬間，她的淚水湧出。你低下了頭。

她懇求道：「但是為什麼呢？我喜歡在這裡工作，而且……。」

於是，你原本預計五分鐘結束的對話，演變成一個半小時的討論，最終你決定讓她在團隊中多待兩週，而且你肯定會後悔自己這麼做。

如果談論的話題確實相當敏感，或者會被解讀為壞消息時，我們通常會試圖營造溫和的氣氛，藉此緩和衝擊，讓對方更好受一些。我們通常會先詢問對方今天過得怎麼樣、家人的近況如何，或者隨意問一些你從來沒有興趣知道的事，像是：「平常有在玩園藝嗎？」哎呀。你以為能讓情況變得更好，還以為自己很和善或很有技巧。

但是對方往往更聰明。

儘管你的演技動人，人們天生就能感受到威脅的存在。他們開始覺得事情有點……不對勁。人們非常擅長解讀非語言訊號。[1]你可以感覺到有人在看你；即使閉著眼睛，你也知道什麼時候有人走進了房間；你也能感受到爆發爭執前的緊張氣氛，正如第五章的討論。只要你展現出片刻的虛情假意，對方就會立刻提高警戒。對方的點火階段會讓他們保持警覺，在當下，他們隨時都在準備並預期壞消息的到來。

你的團隊成員感受到這一點。你不僅沒有預留討論的時間，還以寒暄作為開場白。她已經知道自己的工作表現並不

理想,自然很清楚你想跟她談些什麼,也知道自己為什麼會在那裡。她可以從你坐立不安和不斷調整姿勢的舉動當中,感受到你非常不自在。儘管你說「你好嗎?」是出於善意,卻顯得不真誠。你並不是真的關心她過得如何,或是想知道她有多喜歡在這裡工作。你打算開除她。

雖然表面上無傷大雅,但以寒暄開場只是假意的關心。這會造成你不想要的反效果:你非但沒有善待對方,反而以變相的冷漠態度來對待他們。無論是要開除員工、處理感情中的棘手問題,或是把隱藏在心裡好幾週的感受告訴對方,結論都一樣。人們想要你誠實,而且是直接、真正的誠實。你愈是不誠實,對方愈能看穿你的偽裝,你們之間的連結就愈弱。

在展開艱難的對話時,盡可能避免下列這類問題:

- 「那麼,你好嗎?」
- 「最近在忙些什麼?」
- 「這天氣真是變幻多端,對吧?」

相反的,從一開始就要直接、透明,告訴對方即將展開的是什麼樣的對話。[2] 如果是壞消息,試著這樣說:

- 「這可能很難讓人接受。」

- 「我有個壞消息。」
- 「你可能不會喜歡我接下來要說的話。」
- 「這可能會讓你感到震驚。」

或者，對於棘手或敏感的話題，試著這樣說：

- 「這對我們雙方來說都不是有趣的事。」
- 「我有一些不太愉快的消息要告訴你。」
- 「這個話題令人難以啟齒。」

簡單一句「這將是一次艱難的對話」也很有效。

上述句子應該是你開口的第一句話，或者至少要是你說完「謝謝你抽空跟我談談」之後的第一句話。這種表達方式更開放、更誠實。沒錯，儘管這令人感覺更不自在、也更痛苦，卻是更加善待他人的做法。這讓對方不必苦苦猜測，或是與未知的事物搏鬥。

現在讓我們來看看，採用更直接的方式與你的團隊成員對話會是什麼樣子。

「謝謝你過來。」你說。

她坐了下來。

你看著她，冷靜的說：「這消息可能很難讓人接受。」

你給對方一秒鐘的時間，讓她準備好聽你接下來要說的

話，然後你再繼續說：「我必須解雇你。」

她點點頭表示聽到了。

「我們很感謝你與我們共事的時光，我很期待看到你的職業生涯未來發展。」你以溫暖的微笑結束談話。

「我明白，」她回應道，明顯感到失望。「謝謝你給我這個機會。」

再次強調，清晰就是善意的表現。清晰的表達能消除籠罩在艱難對話以外的不確定性和焦慮感，讓雙方都能面對現實。一旦你讓對方有尊嚴的接受艱難的消息時，會強化他們承受事實的能力，並且因而做出更成熟的回應。

## 3. 以結論作為開場白

在進行艱難的對話時，要先說出你的結論。換句話說，想像你正在做簡報，到了最後你會說：「總而言之……。」請把你接下來要說的話移到對話的**開頭**。

假設你在開會時提出一個想法：「好的，各位都希望顧客一到櫃臺就能感覺安心自在吧？所以我在想，如果我說錯了請糾正我，我們卻經常將顧客體驗變得過度複雜，這基本上其實表示，我們認為人們不知道自己想要什麼，沒錯吧？好的，等等。我在開車的時候突然靈光一閃，我也不知道為什麼，總之就是這樣。我說了這麼多，其實是想表達，我們

應該簡化方法,把焦點放在顧客踏進大廳的那一刻起,努力營造更溫馨的環境。」

哎呀。

你注意到了嗎?在聽完整段話之前,對方完全不知道你想表達什麼,也不明白你最終的要求是什麼。

聽眾會迷失方向。他們會被「開車」這類的詞吸引住,然後掉入思考的陷阱,開始回想起自己開車上班時都在想些什麼。「我今天早上開車上班時,經過那間新開的義大利餐廳。我一直想去吃吃看。說到食物,到底還有多久才能吃午餐……啊?我該吃什麼?昨天我吃了千層麵……。」

就這樣,他們的思緒已飄到千里之外。他們思考過去,沉浸未來,完全不關心當下發生了什麼事。

讓我們看看將結論作為開場白會是什麼樣子。

同事圍坐在會議桌旁,你分享自己的想法:「我們應該把大廳營造成更溫馨的環境。如果將入口處設計成令人愉悅的空間,顧客一到櫃臺時就更容易感到安心自在。」

就這麼簡單。

現在聽眾不可能迷失了。沒有人會一心想著義大利麵。因為你立刻提出自己的觀點,並且說明了你的理由。

這項技巧也適用於書面溝通或文字訊息。再結合省去客套寒暄和解釋的策略,會讓你處於更有利的位置。現在想像一下你必須拒絕派對的邀請。哪一種拒絕聽起來比較好呢?

- 第一則訊息：嘿！是這樣的，我很抱歉，但我今天有很多事要做，壓力很大。我甚至還沒吃飯呢，哈哈。而且我的狗對某種東西產生過敏反應，最近表現得有點奇怪，我很擔心。這實在感覺糟透了，我可能沒辦法參加今晚的活動。非常感謝你邀請我，如果情況有變，我一定會告訴你！
- 第二則訊息：我有壞個消息，我今晚不能去了。謝謝你的邀請，希望你們玩得開心！

第一則訊息聽起來很不真誠。儘管你試圖用各種方法避免傷害對方的感受，但你說了這麼多，反而讓對方必須自行猜測你真正的意思。你用的字愈多，聽起來就愈像在說謊。你還可能會收到對方諷刺的回覆：「直接說你不想來就好了。」

第二則訊息直接切入重點，聽起來更誠實。這種回覆方式既尊重你，也尊重對方。

這些策略可以幫助你與他人展開艱難的對話。反之，如果別人想跟你進行艱難的對話時，你該如何保持更開放的心態呢？

## 建立安全空間的意義

幾個月前，我六歲大的兒子走進客廳，朝著我走來，他低著頭，雙手放在肚子上。

「爸爸？」他說。

「怎麼了，小傢伙？」我問。

「我做了件壞事，」他回答道，同時把手移開，露出新衣服上大概 5 公分的洞。

「發生什麼事了？」我問。

他再次低下頭。「我只是想看看我的剪刀能不能把衣服剪破。」

我試著忍住不笑。「好吧，你學到了什麼？」

他嘆了一大口氣。「肯定剪得開。」

「我也這麼覺得。謝謝你來告訴我。」我和他擊掌。「既然我們都知道剪得開，下次就別這麼做了，好嗎？」

他笑著回答：「好的。」

如果有人帶著自己的艱難對話來找你，要談某些他們知道會讓你不高興或傷害你的事情，你的反應將決定他們是否會在艱難時刻再次向你求助。要為艱難的對話創造空間，必須從你起初接收訊息的方式做起。以下的例子可以幫助你從一開始就創造安全的空間：

- 「我很高興你來找我談這件事。」

你表達的意思是，你知道對方有權選擇要信任誰、與誰分享資訊。你對他們選擇來找你表示感激和謝意，這讓對方能夠與你建立連結。

- 「謝謝你告訴我。」

這個回應肯定了對方來找你所付出的努力，也表示你了解到有時候開誠布公和分享資訊並不容易。

- 「我很感謝你提供的觀點。」

無論對方的立場是什麼，他人的觀點都會讓你學到一些新知。

儘管這些對話被貼上「艱難」的標籤，卻是你和對方建立連結的絕佳契機。當你們遇到困難又一起克服困難，彼此的關係將會更加緊密，進而加深並強化雙方的連結。然而，以下的例子可能會產生相反的效果：

- 「我知道你正在經歷什麼事。」
- 「我今天也很辛苦。」

- 「我也有過類似的遭遇。」

人們往往會把這類說法視為與對方建立關係、創造連結的方式。不過，在大多數情況下，這麼說其實是在把焦點拉回到自己身上。你封鎖對方分享、發洩、表達沮喪的機會。即使出於好意，將對話的焦點轉向自己也會**破壞**連結。與其立刻將話題轉向與你有關的事情，不如試試這些方法：

1. **問一個問題**。你當然可以問更多問題，但僅僅一個問題就能改變一切。這個問題可以很簡單，像是「你對這件事有什麼感受？」或「你有什麼看法？」這些開放式的問題可以將焦點放在對方身上，繼續維持雙方的連結。

2. **如果你仍然覺得有些話值得分享，先徵求對方的同意**。你可以簡單詢問：「你介意我跟你分享一些事情嗎？」因為你已經在第一步當中向對方提出更多問題，展現出你有興趣了解這件事，他們通常會答應你，並且對你要說的話保持更開放的態度。

3. **與其告訴別人應該怎麼做，或是跟對方分享如果是你會怎麼做，不如問他們：「我可以告訴你我之前學到的事嗎？」** 人們往往更願意聽你說自己從經驗中學到的教訓，而不喜歡你對他們頤指氣使，或者表現得像

個萬事通。

當有人向你敞開心扉,並展開他們的艱難對話時,你應該創造出一個安全的空間。這並不表示你必須保持開心和積極的態度,那不是真心的反應。你應該表示出的態度是,一旦對方感受到足夠的安全感,就能毫無顧忌與你溝通。

你不必假裝艱難的對話會很容易。正如你在第一章學到,艱難的對話和衝突能帶來改善雙方關係的機會。艱難的情況勢必會發生,請接受它、歡迎它。如果你想與對方建立愈緊密的關係,你就必須愈能容忍艱難的對話。

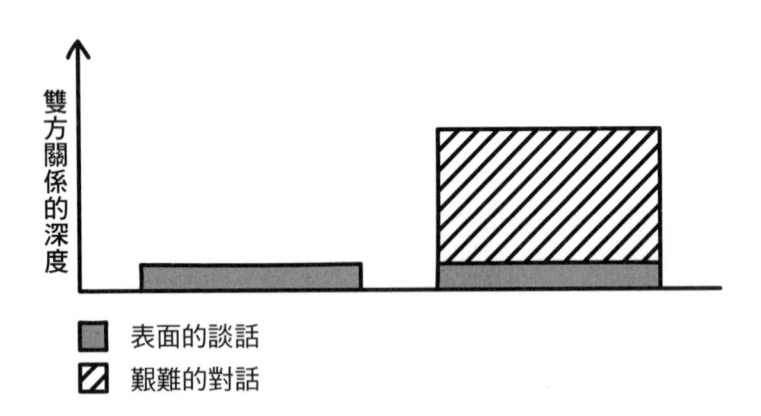

（圖：雙方關係的深度──表面的談話／艱難的對話）

關鍵在於,要利用對話來建立連結。按照這些方法,你可以在對話開始之前就先消除一些困難。你可以展現主動的態度,向對方約好時間和地點,以利進行困難的談話。對話

開始時，省略客套寒暄，直接切入問題的核心。以你的結論作為開場白，避免混淆與困惑，清楚說明你想達成的目標。一旦角色互換，對方需要與你進行艱難的對話時，請用你希望別人對待你的方式去對待他人。為對方建立安全的空間。

善用上述步驟，可以幫助你將下一次對話轉變為建立連結的機會。

## 本章小結

- 要讓艱難的對話變得不再艱難，最佳的時機就是在對話開始之前採取行動。
- 當你必須討論棘手或敏感的話題時，請預留專屬、不受干擾的時間與對方談話。不要為了自己時間上的方便而強行展開對話。
- 克制衝動，別以客套寒暄作為開場白，因為這種表達方式可能讓人覺得你不真誠。相反的，要直接切入正題。直接的表達是善意的表現，同時能維持你的信譽。要做到這一點，請先說出結論，也就是你的主要觀點。
- 儘管這種對話被貼上「艱難」的標籤，卻是你和對方建立連結的絕佳契機。當你們遇到困難又一起克服困難，會讓彼此的關係更加緊密，進而加深並強化雙方的連結。

# 後記

　　我踏上德州舊法院的冰冷花崗岩階梯,轉入長廊,推開法庭的雙開式木門。走進法庭時,我稍微停頓片刻,一邊掃視整個房間,一邊快速跑過一遍腦海裡的檢查清單。

　　在法官席的後面,法官正大聲的跟法警和法庭記錄員分享故事,很好。法庭另一側站著對造的三位律師,他們正在低聲交談,很好。我的律師桌上放著我的筆記和檔案,後頭是我客戶的位置。

　　座位是空的,糟了。

　　我四處張望。我的客戶跑去哪了?我向法官大聲詢問,能否在開庭前給我五分鐘的時間。法官點了點頭,我用眼神向他示意,然後再次推開雙開式木門。我開始四處尋找客戶的蹤影,此時周遭只聽得見我的皮鞋在堅硬的大理石地板上咔嗒作響。

　　我的客戶名叫克雷蒙・李(Clemon Lee)。克雷蒙・李沒有手機,他是六十一歲的小學工友,生活規律,也不喜歡

改變。家用電話對他來說已經足夠。我撥了他的電話號碼，無人接聽。我開始感到焦慮。

最後，在我繞過第三條走廊時，看見他坐在走廊盡頭的長椅上。我放慢腳步，微笑著對他說話。

「李先生？你還好嗎？」他沒有回應。

他雙腿交叉，雙臂抱胸，目光低垂。他穿著一套老舊的棕褐色西裝搭配紅褐色領帶，裡面的白襯衫已經略為泛黃。我從先前跟他的對話中得知，這是他上教堂時穿的西裝，也是他唯一擁有的一套西裝。

我坐到他身旁，再問了一遍：「你還好嗎？」我們現在肩併肩坐著。

過了一會兒，他輕聲說：「他們不會喜歡我的。」

「什麼意思？」我問。

「我說話不好聽。他們會曲解我說的話。我根本不是這塊料。」他說。他看起來很擔心，這也是情有可原。

在法庭上感到緊張很正常。十二名陪審團成員注視著你的一舉一動，穿著黑袍的法官低頭俯視著你，而且對方出錢聘請的律師迫不及待想要推翻你的信譽。

「看著我的眼睛，克雷蒙。我看起來緊張嗎？」我問。他緩緩搖頭表示沒有。

「你做錯什麼事了嗎？」他再次搖頭表示沒有。

他確實沒有做錯事。是另一位司機撞了他，責任歸屬非

常清楚。然而，事實的真相和內心的自我認知卻是兩回事。

「那好吧，」我說。「我們再複習一遍。」

我們複習了他在站上證人席前，或是需要控制自己情緒時使用的快速掃描步驟。還練習了一輪對話式呼吸，這是他在對著證人席上的麥克風回答問題之前，能讓思緒平靜下來的方法。他最需要的是感到自信。他必須確保自己在陪審團面前不會試圖偽裝成別人，只做他自己。

在開庭的前幾個月，我們想出一些短句，讓他為這一刻做好準備。

「當你站上證人席，你會是誰？」我問，同時站起身。

「只會是克雷蒙・李。」他一邊回答一邊鬆開雙臂，接著站到我身旁。

我笑了。「這就對了。如果對造律師試圖與你爭辯，那你就有機會做什麼？」

「教教他們。」他回答道，我們朝法庭的方向走回去。

「就是這樣，」我回答道。「如果不確定應該如何回應的時候，你會以什麼作為開場白？」

正如我們先前的排練，他帶著燦爛的笑容回答：「我的呼吸。」

「感覺好一點了嗎？」我問。

他自信的回答：「是的，我辦得到。」

我把手放在他的肩膀上，再次推開法庭的雙開式木門。

現在，我必須讓各位開啟屬於你的那扇大門了。

就像克雷蒙・李所說，你辦得到。

你真的可以。

在閱讀這本書的過程中，你不僅學會應該說什麼，還學會了**如何**說。你學會用不同的方法看待自己周遭的溝通交流。這代表你將接收到與以往不同的訊息。你懂得解讀他人的簡訊和電子郵件，並注意到那些讓訊息變得混亂的用字、短句和填充詞。你會更謹慎、更理智的使用自己的語言。

你也會發現，下次跟對方起爭執時，自己會感覺更平靜、更有力量。這並非偶然。你已經透過方法和練習，將這十二章的法則付諸實踐，所以才會有這樣的感覺。藉由學習如何**掌控你的說話方式、說話要有自信，並理解說話是為了建立連結**，你現在擁有了一套工具和策略，能夠幫助你面對任何衝突。

最後我想以我們的開場作為結尾。你的話語反映出你是什麼樣的人。我衷心希望，你的話語和表達方式能成為家族世代相傳的精神遺產，展現出你心目中理想的自己，以及你期望人們對你的印象。願你展開全新的人生，打造出全新的自己。

讓你的下一次對話成為改變一切的契機吧。

# 本書的四十七秒版本濃縮內容

為了延續我一路走來的創作理念,如果我必須把這本書的內容濃縮成四十七秒的影片,發布在社群媒體上,內容聽起來應該會像這樣:

**第一點**:千萬別試著吵贏對方,否則你會得不償失。如果你在回應對方之前先調整自己的反應,就能保持清醒的頭腦和平靜的心態。

**第二點**:自信不是一種行為,而是一種結果。使用能堅定表達你的需求並保護個人價值觀的用詞和語句,不必擔心讓別人失望。一旦你擁有堅定的聲音,就有機會促成生活中更多的正向改變。

**第三點**:不必擔心你應該如何改變整段關係,而是專注在下一次的對話。一旦你把對話視為需要學習

的事物,而非需要證明的事物時,建立連結就變得不再困難。

那就試試看並追蹤我吧。

# 你的下一步

非常感謝你願意閱讀我的書。如果你在社群媒體上追蹤我,而現在已經讀到這裡——嗨,我還是老樣子。謝謝你鼓勵我寫這本書。謝謝你相信我的付出以及為了讓世界更美好的使命。

現在,你已經準備好展開下一次對話了。那下一步是什麼呢?

我希望你造訪:thenextconversation.com/newsletter。

如果你喜歡這本書、我的故事和重點精華,那麼你一定會喜歡我的免費電子報,我會在其中分享簡單實用的溝通技巧,讓你的每一週都有新的開始。你也會第一時間知道我的新計畫和著作,並且有機會搶先參與我的演講活動。如果你

不知道接下來該怎麼做,這就是你能採取的第一步。

　　如果你還想更進一步,你隨時都能加入我的線上社群。在那裡,你可以找到我的內容創作資料庫,裡面有隨選影片、可下載的腳本以及線上課程。請造訪:thenextconversation.com/member。

# 律師與當事人的祕密溝通
# 如何應對自戀型人格和情感操縱手法

　　不，我指的並不是真正的律師與客戶關係，也不是法律規定的祕密溝通保密特權。但我有些機密的建議，想保留給真正需要的人：如何應對自戀型人格和情感操縱手法。這是我在網路上相當受歡迎的內容，原因很簡單。這類型的人格和行為都令人極度不愉快，一旦你處於被動接受的狀態，懂得如何應對往往決定你能否保持平靜，或是會陷入崩潰。

　　所以我打造了這個隱藏版的額外章節，讓你在發現自己受到攻擊時，可以使用這些溝通工具來堅守立場。

　　你可以在這裡下載完整的文章內容：thenextconversation.com/bonuschapter。

# 致謝

如果沒有席艾拉，這一切都不會存在。

你沒有親眼見過她，但她無所不在。在你現在讀到的每一頁、每一段影片，以及每一場演講背後，都有我妻子為了養育兩個年幼孩子所做的犧牲。她會說這沒什麼，但我知道這一點也不容易。任何為人父母者都知道這一點也不容易。席艾拉也是律師，擁有成功的事業。儘管如此，她還是以某種神奇的方式打理好一切。如果沒有她扛下這些責任，讓我能夠分享這些想法，這一切都不會發生，更別提這本書了。

我認為自己是品質不錯、穩定度高的 Windows 98 產品，只是產出速度稍嫌緩慢。席艾拉則是最新的蘋果電腦 MacBook Pro，配備飆速的處理器晶片。她的思考速度是我的十倍。我們會吵架嗎？當然會。我們會像其他夫妻一樣遇到溝通障礙嗎？當然會。但是請相信我，在過去十年來，我因此成為更好的人了。她對我的影響不亞於任何人。我剛開始發布影片時，我們同意不讓她和孩子出現在社群媒體上。

她或許位居幕後，但席艾拉是我的首席顧問和頭號支持者。

　　各位只需知道，無論我有多好，她都比我更優秀。

　　我也要感謝我的父母大衛（David）和雪琳（Sherlyn），不僅僅要感謝他們養育我的方式，也要感謝他們的為人，以及他們為有幸認識他們的人所帶來的光芒。感謝上帝，感謝祢的良善，感謝祢聽見我父母的祈禱，為我的生命賜予智慧和洞察力。願這本書的字字句句讓人們看見更多的祢，更少的我。

　　我很感謝家人與好友的支持。感謝我的弟弟妹妹，他們讓我感覺自己達成了不可思議的成就，至今仍叫我 Bubba。感謝我最好的朋友麥特（Matt），在我因為這些人生重大變化而感到不知所措時，是他讓我保持內心的堅定。感謝我的岳母蘇尼（Sunee），每次與她的一對一談話總能讓我學到新的一課。還有我在費雪事務所的家人，特別是麗茲（Liz），她的支持和耐心對我來說意義重大。

　　我還想對我的 Civility 團隊表示感激之情，他們毫不猶豫的全心投入，幫助我成就這份事業和使命。我非常感謝他們的支持、熱情以及信心。

　　起初我的追隨者請我出書時，我根本不知道從何開始。幸好，上帝在我的人生道路上安排了一些很棒的人，幫助我把這個訊息傳遞給大家。

　　感謝我的文學經紀人泰絲・卡勒羅（Tess Callero）不遺

餘力傳授我傳統出版流程的竅門。她充滿熱情和智慧。如果你曾懷疑一封「冷郵件」（cold email）能產生什麼樣的影響，這本書就是活生生的證明。

感謝我在 TarcherPerigee 出版社的編輯雅各・舍平（Jacob Surpin）以及英國的編輯皮帕・萊特（Pippa Wright），他們對我的信任和鼓勵，讓我的寫作保持真實的聲音。感謝企鵝蘭登書屋（Penguin Random House）的整個團隊，包含洛塔・艾琳（Lota Erinne）、琳賽・戈登（Lindsay Gordon）、法琳・施魯塞爾（Farin Schlussel）、那達・達拉爾（Neda Dallal）、凱蒂・麥克勞德－英格利許（Katie Macleod-English）、凱西・馬洛尼（Casey Maloney）、莉莉安・鮑爾（Lillian Ball）以及薇薇安娜・莫雷諾（Viviana Moreno）；特別感謝梅根・紐曼（Megan Newman）、崔西・貝哈爾（Tracy Behar）以及瑪麗安・利茲（Marian Lizzi），他們打從第一天就是這本書的擁護者。

感謝我的書籍指導教練布萊克・愛特伍（Blake Atwood），他特地開車南下到我家，與我共度一整週的時間，與我的家人共進晚餐，確保書本的結構能讓讀者聽到我真實的聲音。當我捲起袖子時，他也捲起了袖子。

感謝詹尼斯・奧佐林斯（Janis Ozolins）用出色的插畫為每章的主題注入生命和風格。

感謝皮特・加爾索（Pete Garceau）為這本書設計了很棒

的封面。

最後,謝謝傑特和露比。

有一天,當你們第一次讀到這本書的時候,我想讓你們知道,世界上沒有任何事比得上當你們的爸爸更讓人喜悅。我愛你們。

# 注釋

### 第四章　控制自己

1. Laurie K. McCorry, "Physiology of the Autonomic Nervous System," *American Journal of Pharmaceutical Education* 71, no. 4 (2007): 78.
2. "Understanding the Stress Response," Harvard Health Publishing, April 3, 2024, https://www.health.harvard.edu/staying-healthy/understanding-the-stress-response.
3. Amy F. T. Arnsten, "Stress Signalling Pathways That Impair Prefrontal Cortex Structure and Function," *Nature Reviews Neuroscience* 10, no. 6 (2009): 410–22, https://doi.org/10.1038/nrn2648.
4. 本章討論的誘因並非臨床上所定義的「創傷觸發誘因」（trauma triggers），也就是透過視覺、聽覺或其他刺激，而喚起過去創傷回憶的事物。本章討論的是溝通領域中更廣義的術語，用來描述那些會激起強烈情緒反應、往往導致情勢升級或激烈反應的詞語。

5. 若想深入了解兒童的壓力觸發誘因和教養策略，我推薦臨床心理師貝琪・甘迺迪（Becky Kennedy）博士的著作《Good Inside教養逆思維》（*Good Inside*）。此書繁體中文版由究竟出版。

6. Brianna Chu et al., "Physiology, Stress Reaction," StatPearls, May 7, 2024, https://pubmed.ncbi.nlm.nih.gov/31082164.

7. Maayan Katzir and Tal Eyal, "When Stepping Outside the Self Is Not Enough: A Self-Distanced Perspective Reduces the Experience of Basic but Not of Self-Conscious Emotions," *Journal of Experimental Social Psychology* 49, no. 6 (2013): 1089–92, https://doi.org/10.1016/j.jesp.2013.07.006; Jessica L. Tracy and Richard W. Robins, "Putting the Self into Self-Conscious Emotions: A Theoretical Model," *Psychological Inquiry* 15, no. 2 (2004): 103–25, https://doi.org/10.1207/s15327 965pli1502_01.

8. Chu-Hsiang (Daisy) Chang et al., "Core Self-Evaluations: A Review and Evaluation of the Literature," *Journal of Management* 38, no. 1 (2011): 81–128, https://doi.org/10.1177/0149 206311419661.

9. Richard M. Ryan and Maarten Vansteenkiste, "Self-Determination Theory: Metatheory, Methods, and Meaning," in *The Oxford Handbook of Self-Determination Theory*, ed. Richard M. Ryan (Oxford University Press, 2023), 3–30; Jon L. Pierce and Donald G. Gardner, "Self- Esteem Within the Work and Organizational Context: A Review of the Organization-Based Self-Esteem Literature," *Journal of Management* 30, no. 5 (2004): 591–622,

https://doi.org/10.1016/j.jm.2003.10.001; Steven Hitlin, "Values as the Core of Personal Identity: Drawing Links Between Two Theories of Self," *Social Psychology Quarterly* 66, no. 2 (2003): 118–37, https://doi.org/10.2307/1519843.

10. John H. Harvey and Eric D. Miller, "Toward a Psychology of Loss," *Psychological Science* 9, no. 6 (1998): 429–34, https://doi.org/10.1111/1467-9280.00081.

## 第五章 控制當下

1. Alan Fogel, "Waiting to Exhale," *Psychology Today*, September 27, 2010, https://www.psychologytoday.com/ca/blog/body-sense/201009/waiting-to-exhale.

2. Carolyn Farnsworth, "What to Know About Nose Breathing vs. Mouth Breathing," *Medical News Today*, November 20, 2023, https://www.medicalnewstoday.com/articles/nose-breathing-vs-mouth-breathing.

3. 又稱為「循環式嘆息」（cyclic sighing），由安德魯・胡柏曼（Andrew Huberman）博士及其Podcast頻道「胡柏曼實驗室」（Huberman Lab）推廣的呼吸技巧。我推薦「管理壓力與焦慮的工具」（Tools for Managing Stress & Anxiety）（2021年3月）和「如何正確呼吸以獲得最佳健康、情緒、學習和表現」（How to Breathe Correctly for Optimal Health, Mood, Learning & Performance）（2023年2月）這兩集。相關資料請參考Melis Yilmaz Balban et al., "Brief Structured Respiration Practices Enhance Mood and Reduce Physiological Arousal," *Cell Reports*

Medicine 4, no. 1 (2023): 100895, https://doi.org/10.1016/j.xcrm.2022.100895; and Deni Ellis Béchard, "The Huberman Effect," *Stanford Magazine*, July 2023, https://stanfordmag.org/contents/the-huberman-effect.

4. Noma Nazish, "How to De-Stress in 5 Minutes or Less, According to a Navy SEAL," *Forbes*, December 10, 2021, https://www.forbes.com/sites/nomanazish/2019/05/30/how-to-de-stress-in-5-minutes-or-less-according-to-a-navy-seal/.

5. Samantha K. Norelli, Ashley Long, and Jeffrey M. Krepps, "Relaxation Techniques," StatPearls, August 28, 2023, https://www.ncbi.nlm.nih.gov/books/NBK513238/.

6. Marc A. Russo, Danielle M. Santarelli, and Dean O'Rourke, "The Physiological Effects of Slow Breathing in the Healthy Human," *Breathe* 13, no. 4 (2017): 298–309, https://doi.org/10.1183/20734735.009817.

7. Kristen A. Lindquist, Jennifer K. MacCormack, and Holly Shablack, "The Role of Language in Emotion: Predictions from Psychological Constructionism," *Frontiers in Psychology* 6 (2015): 444, https://doi.org/10.3389/fpsyg.2015.00444.

## 第七章　堅定的語氣

1. Joylin M. Droney and Charles I. Brooks, "Attributions of Self-Esteem as a Function of Duration of Eye Contact," *Journal of Social Psychology* 133, no. 5 (1993): 715–22, https://doi.org/10.1080/00224545.1993.9713927.

2. William T. O'Donohue and Jane E. Fisher, eds., *Cognitive Behavior Therapy: Applying Empirically Supported Techniques in Your Practice*, 2nd ed. (John Wiley & Sons, 2008), 27.

## 第八章　應付難溝通的人

1. Cleveland Clinic, "Dopamine," March 23, 2022, https://my.clevelandclinic.org/health/articles/22581-dopamine.

## 第九章　設定界線

1. Devin J. Rapp, J. Matthew Hughey, and Glen E. Kreiner, "Boundary Work as a Buffer Against Burnout: Evidence from Healthcare Workers During the COVID-19 Pandemic," *Journal of Applied Psychology* 106, no. 8 (2021): 1169–87, https://doi.org/10.1037/apl0000951.

## 第十章　建立對話框架

1. Barry Schwartz, *The Paradox of Choice: Why More Is Less* (Harper Perennial, 2005), 144. 繁體中文版《選擇的弔詭》，一起來出版。

## 第十一章　消除防備心

1. Eddie Harmon-Jones and Judson Mills, "An Introduction to Cognitive Dissonance Theory and an Overview of Current Perspectives on the Theory," in *Cognitive Dissonance: Reexamining*

a Pivotal Theory in Psychology, 2nd ed., ed. Eddie Harmon-Jones (American Psychological Association, 2019), 3–24, http://www.jstor.org/stable/j.ctv1chs6tk.7.

2. Jessica Koehler, "Decoding the Fundamental Attribution Error," Psychology Today, March 27, 2023, https://www.psychologytoday.com/us/blog/beyond-school-walls/202303/decoding-the-fundamental-attribution-error. 雖然學者對於這個概念是否屬實看法不同，但我對此爭論沒有特定的立場。不過，我所知道的是，這個現象所產生的效果確實會影響你的溝通。

3. Raymond S. Nickerson, "Confirmation Bias: A Ubiquitous Phenomenon in Many Guises," Review of General Psychology 2, no. 2 (1998): 175–220, https://doi.org/10.1037/1089-2680.2.2.175.

## 第十二章　艱難的對話

1. Anna Esposito, "The Amount of Information on Emotional States Conveyed by the Verbal and Nonverbal Channels: Some Perceptual Data," in Progress in Non-linear Speech Processing, eds. Yannis Stylianou, Marcos Faundez-Zanuy, and Anna Eposito (Springer-Verlag, 2007), 249–68, https://doi.org/10.1007/978-3-540-71505-4_13.

2. 在克里斯・佛斯（Chris Voss）和塔爾・拉茲（Tahl Raz）的著作《FBI談判協商術》（Never Split the Difference）當中，這些表達方式被稱為「清查指控」（accusation audits）。如果想了解更多因應敏感對話和「戰術同理心」（tactical empathy）的例子，我推薦這本書。

國家圖書館出版品預行編目（CIP）資料

不吵架也能贏的溝通術：讓下一次對話更成功的三大法則／傑佛森・費雪（Jefferson Fisher）著；黃瑜安譯 .-- 第一版 .-- 臺北市：遠見天下文化出版股份有限公司，2025.08

296 面；14.8×21 公分 .--（工作生活；BWL104）

譯自：The Next Conversation: Argue Less, Talk More

ISBN 978-626-417-491-6（平裝）

1. CST：溝通技巧 2. CST：說話藝術 3. CST：人際傳播

177.1　　　　　　　　　　　　114009677

工作生活 BWL104

# 不吵架也能贏的溝通術
## 讓下一次對話更成功的三大法則
The Next Conversation: Argue Less, Talk More

作者 —— 傑佛森・費雪　Jefferson Fisher
譯者 —— 黃瑜安

副社長兼總編輯 —— 吳佩穎
財經館總監 —— 蘇鵬元
責任編輯 —— 王映茹
封面設計 —— Pete Garceau、張議文（完稿）

出版人 —— 遠見天下文化出版股份有限公司
創辦人 —— 高希均、王力行
遠見・天下文化 事業群榮譽董事長 —— 高希均
遠見・天下文化 事業群董事長 —— 王力行
天下文化社長 —— 王力行
天下文化總經理 —— 鄧瑋羚
國際事務開發部兼版權中心總監 —— 潘欣
法律顧問 —— 理律法律事務所陳長文律師
著作權顧問 —— 魏啟翔律師
社址 —— 臺北市 104 松江路 93 巷 1 號
讀者服務專線 —— 02-2662-0012｜傳真 —— 02-2662-0007；02-2662-0009
電子郵件信箱 —— cwpc@cwgv.com.tw
直接郵撥帳號 —— 1326703-6 號　遠見天下文化出版股份有限公司

電腦排版 —— 薛美惠（特約）
製版廠 —— 東豪印刷事業有限公司
印刷廠 —— 祥峰印刷事業有限公司
裝訂廠 —— 台興印刷裝訂股份有限公司
登記證 —— 局版台業字第 2517 號
總經銷 —— 大和書報圖書股份有限公司｜電話 —— 02-8990-2588
出版日期 —— 2025 年 8 月 8 日第一版第 1 次印行
　　　　　 2025 年 9 月 12 日第一版第 2 次印行

Copyright © 2025 by Jefferson Fisher
Complex Chinese Edition Copyright © 2025 Commonwealth Publishing Co., Ltd.,
a division of Global Views - Commonwealth Publishing Group
All rights reserved including the right of reproduction in whole or in part in any form.
This edition published by arrangement with Tarcher,
an imprint of Penguin Publishing Group, a division of Penguin Random House LLC,
arranged through Bardon-Chinese Media Agency.
ALL RIGHTS RESERVED

定價 —— 420 元
ISBN —— 978-626-417-491-6｜EISBN —— 978-626-417-489-3（EPUB）；978-626-417-490-9（PDF）
書號 —— BWL104
天下文化官網 —— bookzone.cwgv.com.tw

本書如有缺頁、破損、裝訂錯誤，請寄回本公司調換。
本書僅代表作者言論，不代表本社立場。